USING SCENARIOS : SCENARIO PLANNING FOR IMPROVING ORGANIZATIONS

场景进化论

[美] 托马斯 · J. 切马克◎著

李伊铭◎译

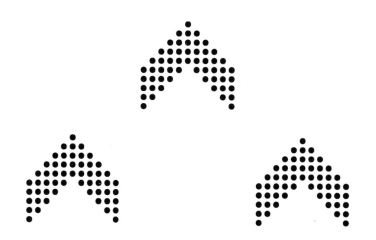

中国科学技术出版社

·北 京·

Copyright © 2022 by Thomas J. Chermack
Copyright licensed by Berrett-Koehler Publishers
arranged with Andrew Nurnberg Associates International Limited
北京市版权局著作权合同登记　图字：01-2022-5112。

图书在版编目（CIP）数据

　场景进化论 /（美）托马斯·J. 切马克著；李伊铭
译 . — 北京：中国科学技术出版社，2022.10
　ISBN 978-7-5046-9766-0

　Ⅰ . ①场… Ⅱ . ①托… ②李… Ⅲ . ①企业管理—公
共关系学 Ⅳ . ① F272.9

中国版本图书馆 CIP 数据核字（2022）第 145753 号

策划编辑	王　浩
责任编辑	庞冰心
版式设计	蚂蚁设计
封面设计	仙境设计
责任校对	张晓莉
责任印制	李晓霖

出　　版	中国科学技术出版社
发　　行	中国科学技术出版社有限公司发行部
地　　址	北京市海淀区中关村南大街 16 号
邮　　编	100081
发行电话	010-62173865
传　　真	010-62173081
网　　址	http://www.cspbooks.com.cn

开　　本	880mm×1230mm　1/32
字　　数	136 千字
印　　张	7.25
版　　次	2022 年 10 月第 1 版
印　　次	2022 年 10 月第 1 次印刷
印　　刷	大厂回族自治县彩虹印刷有限公司
书　　号	ISBN 978-7-5046-9766-0/F·1035
定　　价	69.00 元

（凡购买本社图书，如有缺页、倒页、脱页者，本社发行部负责调换）

仅将此书献给艾拉——我生命的光！

前言

　　本书有一基本前提，即你应当知道如何使用场景（Scenarios），否则即使拥有场景也没有任何意义。创建场景是理解外部环境变化的重要一步，这一点是极为必要的，但还不够。若想了解场景的优势，你必须学会应用场景，本书就是介绍如何应用场景的。许多场景规划方法都会产生一些具有煽动性的场景，引导人们以不同的方式思考未来，虽然这能振奋人心，但通常远远达不到场景真正能产生的效果。

　　目前的场景规划文献以各种场景创建方法为主。无论文献中以何种方法创建场景，对于如何应用场景却并没有统一的建议。有些方法确实提到了使用场景这一点，却没有一个方法为实际应用、使用场景提供详细的指导。现在，场景一词比以往任何时候都更流行，但很少有人或组织真正理解开发场景的意义，以及如何用它们来支持组织变革。随着场景实践越来越普及，如何应用场景变得愈发重要。

　　许多可用的场景指导仍停留在概念层面，但场景规划是一项应用活动，这种不匹配需要以实用的建议、具体的方法来弥补。本书实用性极强，旨在帮助读者主动将场景与行动联系起来。书中提供了许多不同的示例，但没有一个完整的案例贯穿所有方法，这是为了罗列各种示例，并说明这些方法已与环境、行业无关。书中介绍的流程、实践和研讨会已在各行业、各国的组织中被应用了10多年，而且确实有效。

由于本书的实用性和特殊性，读者需要对场景规划有一定的了解。本书适用于在该领域有一定经验、想要从场景中有更多收获的人群。本书要求读者对场景术语、现有流程有一定的了解。然而，在撰写本书时，为使这些方法适用于各种场景、战略、组织发展或管理人员变更，我们还是付出了巨大的努力。如果你之前从来没有接触过场景，可以从阅读本书开始，或者可以与导师合作，让导师指导你完成整个场景规划过程。

使用场景基于场景要产生价值，而不仅限于创建场景这样一个前提。为支持这一论断，本书分为三大部分：第一部分是探索场景的应用；第二部分是应用场景的具体方式；第三部分是使用场景改进组织。第一部分详细介绍了本书的重要性及战略和场景规划实践中的问题。这一部分还介绍了开发场景最常用的方法，虽然对目前场景规划方法的反思并不全面，但其意在给构建场景的各种方法、通用方法提供大致概念。第二部分是本书的核心，介绍了7种应用场景的具体方法，重点在于场景目的、生成策略、测试策略、风洞分析、决策分析、经济效益、财务模型和信号。该部分各章节提供了示例、详细的指导和研讨会说明，旨在帮助读者实际应用这些方法。第三部分解决了如何使场景成为组织文化的一部分这一问题，还提出了推进总体战略规划和场景规划的建议。

这些方法起初可能看起来很复杂，其中一些方法可能比其他的更复杂，但想要从场景中获益的人可以学习和应用所有方法，而不仅仅停留在阅读有趣的故事上。与大多数事情一样，使用这些方法的次数越多，你就越擅长使用它们。将场景与战略、行动联系起来有诸多好处，如提高快速反应能力、提高预测环境重大变化的能力、帮助决策、帮助识别关键机会，所有这些都可以带来潜在的经济收益。使用本文介绍的工具和方法将有助于开展有效的场景规划，它们必将为你带来更大效益。

目录
CONTENTS

▶ 场景进化论

▲

探索场景的
应用

PART 1

USING
SCENARIOS

第**1**章
如何应用场景

◁　引言和问题　▷

　　如何应用场景？一般情况下，场景规划会带来一系列选择。正是因为缺乏应用场景的明确指导，才会导致流程不完整，也令未见成效的决策者对结果感到不满。目前的场景规划方法涵盖了场景的创建、开发和编写，却忽略了其应用方法。本书介绍了多种应用场景的具体方法，由此填补了这一空白。目前，在场景的潜在用途、预期效果、优势及如何将其作为变更管理流程方面，极度缺乏细节性指导，本书聚焦场景的应用和实施，以满足场景、战略领域的关键需求。

　　场景规划者认为，三分之一的时间应该花在创建场景上，而剩下的三分之二应该花在应用场景上。但实际上，现有的指导几乎完全聚焦于场景的创建方法，而在应用方面的指导基本是一片空白。公平地讲，确实有一些应用场景的大致方法，但它们缺少足够的细节来说明如何应用场景。这三分之二的时间究竟应该如何利用？目前，答案是模糊的，也不可能付诸实践。

大多数组织依靠战略应对快速变化的环境但他们的战略及战略规划方法大多过时，多数成果模糊且不现实，这导致最终的成效也好坏参半。正是因为这类方法无法达到预期效果，战略及场景规划专家常常遇到瓶颈。显然，不确定的环境难以掌控，且大多数人都认为未来无法预测。但在实践中，当首席执行官、经理和主管追求稳定增长、股东收益时，人们又转而认为未来是可预测的。这样一来，问题就分成了两个部分。

1. 即便有了场景，也没有实用指南可以参考。

2. 场景应用的匮乏导致场景规划、场景与战略的整合很难得以广泛应用。

商业环境的不确定性与日俱增，相应场景的潜在作用也日益凸显。相较以往，目前人们选择把更多关注的焦点放在场景上。在关注场景规划方面，新冠肺炎疫情的暴发可谓是一个重大转折点，也是一个机会。

◁ 机遇 ▷

组织需要帮助。目前，人们对场景的兴趣空前高涨，这样一来，我们就有机会展示场景的价值，将其与战略相结合并使之得以广泛应用。这就不仅仅是讲故事那么简单了，更需要我们在应用场景方面提供详细的指导。

解决方案应该是显而易见的。我们需要应用场景，并将其与战略相结合。本书提供了应用场景的7种方案，以期达到不同效果。

1. 将场景和目的联系起来。

2. 生成策略。

3. 运用场景创建并重点测试策略计划。

4. 运用场景验证决策和选择。

5. 评估场景的经济效益。

6. 运用场景模拟财务状况。

7. 开发场景标识，明确关键的不确定性。

本书能够帮助你运用场景，并将其付诸实践，以广泛的经验、研究为基础，实用性极强。如果场景应用得当，更有可能成为标准的组织规划活动。企业决策往往是非常短视的，借助本书提供的方法，你将能够帮助领导者做出更谨慎、更成熟的长期决策。

我曾经写过《组织中的场景规划》（*Scenario Planning in Organizations*）一书，尽管我能轻而易举地通过构建方法与任何其他场景联系在一起，但本书内容实为前书的后续。实际上，应用何种方法构建场景并不那么重要。

本书意在详细介绍应用场景的7种不同方法，以此推进场景规划实践。这7种方法均为实现特定目的、结果而设计。场景规划发展缓慢，其中一大原因就是未能明确说明具体的应用方法。本书提供了改进当前场景规划实践所必需的细节和方法，其中包括练习说明、模板、研讨会结构及如何应用这7种方法。

若继续忽视场景创建后的步骤，那我们的所作所为就还停留在讲故事的层面。有趣的故事无益于做决策，也无法帮助决策者考虑行动的潜在风险和收益。同样地，这类故事不能说服决策者相信投资价值，也无法帮助他们分析重大投资的潜在结果。如果我们还不在意应用场景的具体方法，就很可能错失良机，导致现有实践停滞不前，无法取得新的进展。

◁ **总结** ▷

本章介绍了阅读本书的重要性和主要前提。场景规划者可以选择如何着手改进组织及如何以最有效的方式交付工作。许多场景规划者未能意识到将场景与战略工作联系起来这一基本需求，而是满足于提供一组貌似合理的场景。无论这些场景有多好，除非与决策及最终结果有关，否则它们就无法起到作用。在大多数组织中，无作用的战略性工作不被重视，当然也不会被付诸实践。展示场景的价值、付诸实践对于推进该领域发展和改进组织至关重要。

第 **2** 章

战略规划、场景规划实践中的问题

下面这些话你听到过多少次？

"我不希望我们的战略被束之高阁！"

"我希望我们的战略计划能真正派上用场！"

"场景规划是一项很有意思的工作，但没什么实际用处。"

"场景规划有助于活跃思维、激发人们的创造性，但它很难与实际行动、经济效益联系在一起。"

有过无数次类似的经历后，现在你可能一听到以上说法就想笑。但是，一旦面对现实，发现战略规划、场景规划的结果恰好是上司想要避免的，你也就很难再笑出来了。对大多数组织而言，计划被束之高阁是常态。此外，目前大家对场景的认识还停留在对未来的美好设想上。

战略与场景有着必然联系。在理想情况下，场景开拓思维，战略影响决策。但在实践中每一方面均有所欠缺：场景未能付诸实践，战略对未来的预先分析不足。曾有人尝试将两者简单结合，但并未达到预期目标。只有深入分析如何将两者有机地联系在一起，才能进一步科学地规划未来。本书在战略规划和场景规划间搭建了一座桥梁，以此弥合其间的鸿沟。

本书也面临着一大挑战——场景对战略至关重要，而二者间联系是发展的关键。若要实现有机联系，就不得不介绍应用场景的具体方法，而这也恰是我撰写本书的目的所在。在思考如何推进战略规划、场景规划的实践时，请牢记以下几点：

- 场景为构想未来提供了多种可能。
- 场景规划是开发场景并将其应用于战略行动的过程。
- 战略是一个组织为实现目标的方法。
- 战略规划是制定目标及具体战略的过程。

尽管在实践方面存在问题，但场景和战略都有极大的效用。若想进一步改进实践，首先要分析究竟是什么因素导致战略规划、场景规划以失败告终。这与组织适应环境的方式息息相关，因此，改进、优化实践就显得至关重要。

长期以来，战略规划的结果都是喜忧参半，以年为单位制定战略规划已经成了一种传统。为什么企业每年都要制定战略规划？可能是因为只有这样做了，员工才能对未来有所预期。此外，制定战略规划并不麻烦，通常在两天以内就能完成。在大多数情况下，制定战略规划就像是罗列新年必读书目一般，只是简单地走个过场，对未来做个大致的预测。大多数人都意识到这种规划不能达到预期效果，但这一传统依旧得以延续下来。到最后，大部分的战略计划都变得笼统且模糊，对公司没有任何帮助。

以下战略计划就是典型实例。

- 成为本学科的首要会议。

- 多模态技术。

- 领导结构。

- 非营利性组织。

- 招聘新人。

- 电子期刊。

- 新网站。

- 战略规划。

- 工作组织结构。

- 赞助与合作。

- 多元文化网络。

实际上，我们无法提供充分的背景信息，以此对该计划进行彻底评估。当然，再多的背景信息也难掩其仍然停留在想法层面的事实。平心而论，该计划的确对一些想法做出了解释，但在评估策略、范围、进度、预算和目标方面都不明确。由于内容过于模糊，该战略计划实际上无法付诸实践。由此可见，若只有一堆想法，那我们就无法制订高效的战略计划，而我们日常熟知的战略计划往往都是低效的。战略规划如何才能成为战略计划的一部分？

尽管本章开头的内容有较强的批判性，但我还是想指出，目前确实存在相当优秀的战略工作，许多组织都有能力科学有序地实施其战略计划，也有许多组织都在利用其战略工作的优势颠覆整个行业。这样的公司是市场的领导者，它们真正具有创新能力，能够利用多种战略方法应对未来的挑战。这样的例子有很多，如苹果、亚马逊、摩根大通等公司。

尽管一些优秀的公司能保证在战略工作中遵循此法，但绝大多数公司在这方面仍有欠缺。长此以往，战略一词就给人留下荒唐的刻板印象。人们既制定战略，又认定战略不会达到预期效果，甚至可能会让结果变得更糟。

第一部分 ▶
探索场景的应用

本章旨在介绍战略规划和场景规划实践中常见的问题。大量文献都曾探讨过这类问题，因此，提供全面详尽的文献综述并非本章的目的，但本书仍涉及其中的大多数内容，以便读者对实践中的各领域有更深刻的了解。

◁ 战略规划实践中的问题 ▷

战略规划实践中出现的问题有详细的文献记载。其中，亨利·明茨伯格（Henry Mintzberg）的《战略规划的兴衰》（*The Rise and Fall of Strategic Planning*）最具批判性；金·沃伦（Kim Warren）的《战略的麻烦》（*The Trouble with Strategy*）也是毫不客气。但两书出版之后，实际情况也几乎没发生什么变化，矛盾性和不确定性仍然存在。但以上两人的激进评论全面地概述了这一领域的实际情况及争论焦点，值得再次回顾。

◁ 战略规划的兴衰 ▷

在过去的40年里，明茨伯格在战略研究领域卓有成效，其贡献无疑对这一领域产生了举足轻重的影响。尽管明茨伯格时不时地做出评论，但他的学术研究扎根于实践，其本人也已认识到应用战略的重要性。1994年，他在《哈佛商业评论》（*Harvard Business Review*）上发表了《战略规划的兴衰》（*The Fall and Rise of Strategic Planning*）[①]一文，首次提及战略规划研究，指出了战略规划实践中存在的几个基本问题。然而，目前的研究对这些问题仍无任何回应。

预言的谬误

战略有一个基本假设，即开展计划的同时，世界是静止不变的。明茨伯格曾提出疑问：“世界上哪有公司能判断预测是否准确呢？”回顾过去，太多例子都能证明“未来可预测”这一想法是错误的，几乎不值得再提，但这对本章来说十分重要。正是因为这种谬误，壳牌石油公司的皮埃尔·瓦克（Pierre Wack）等人才将场景规划作为潜在解决方案。所以，我们必须正视事实，明白我们现在无法预测未来，也永远无法预测未来。明茨伯格明确地表示：“预测技术创新、价格上涨等非连续性现象几乎是不可能的。”这个话题可以到此结束了吗？新冠肺炎疫情的暴发也进一步表明，未来是难以预测的。

尽管每年都会涌现出越来越多复杂的预测形式，但这些预测

---

① 在上文中《战略规划的兴衰》一书出版之前发表的文章，原名有些许差别。——编者注

都是在数据的基础上产生的。高管们对数据深信不疑，认定任何所谓的数据都绝对真实。进一步分析数据、了解其来源有助于产生新的重要见解。数据库汇集了行业内的各种测量评估结果，大多数的数据都来源于此。但万一这些数据是不正确的呢？此外，现有数据与你的组织间存在关联性也可能不正确。在大多数情况下，这些数据库都是基于不同客户公司间的相关性进行推荐的。

相关性与因果关系的错误对应也有详细记录，二者的区别显而易见。我相信你能回忆起这样一个情景：你坐在飞机座椅上，"系好安全带"的提示灯亮起，随之而来的通常是飞机的颠簸晃动。根据上面的这几个动作和现象，我们可以很容易得出结论——亮灯导致了飞机的晃动。但实际上，很多事情都发生在飞机晃动前，如机长收到消息，得知前方有大气湍流，于是，机长打开了安全带提示灯，随后飞机进入不稳定环境，开始颠簸晃动。我们可以暂时将这个比喻应用到你的组织中，领导和经理曾多少次误把关联性视为因果？现实中此类情况可能比你想象的还要多。

虽然这只是一个简单的例子，但在组织中，情形并无太大差异。感知常会影响行动，并且往往与分析、理解或证据无关。在此我想说的是，许多庞大的数据库涵盖了不同行业、不同规模的各类公司的报告，因此把数据之间的相关性理解为因果关系实在是大错特错。举个例子，数据库可以显示特定行业的赢利能力和市场份额之间的相关性。假设数据库报告的相关性为0.58[1]，这表明你有超过一半的成功概率。值得一提的是，买方应了解数据来源、数据与本公司的实际相关性及如何理解相关统计数据。

分离的谬误

明茨伯格曾说："战略规划对管理层来说就像泰勒的工作研究方法对于工厂车间一样，实际上是一种规避人类特质，使行为系统化的方法。"从这个角度来看，战略规划旨在为高管提供大量真实可靠的数据，以便他们做出决策、制定战略，随后发给下级执行。高管负责思考，而下级员工负责执行。明茨伯格认为，将战略分为思考和行动是一种错误的二分法，他认识到"在正式规划之前，必须充分了解工作流程"。当然，还有一种可能，那就是工作流程根本无法规划。

工作在组织中进一步开展，但高管并不知晓其中的细节，这样的例子不胜枚举。事实上，一些高管完全不具备向客户交付产品所需的技能，他们既不清楚其中的流程，也不懂得如何合作，这样的高管究竟有多少，很难说清楚。解决这个问题的一个办法

---

[1] 零相关性意味着没有关联，而相关性为1则表示完全关联。——编者注

是，让高级经理和高管花一两天时间直接参与其中。

形式化谬误

明茨伯格曾言："正式的系统，无论是机械的还是其他，都没有提供更好的方法来解决人类大脑中信息过载的问题。事实上，它们往往会让事情变得更糟。所有关于人工智能、专家系统及改善甚至取代人类直觉的承诺从未在战略层面实现。"显然，自1994年明茨伯格如此评论以来，人工智能已经取得了长足的进步。但目前这一评论仍有价值，直到今天，还没有机器学习、人工智能取代战略并指导组织未来的实例。尽管人工智能有进步，但目前算法还不能完全取代人类的创造力。你可能会举脸书①的例子，或者用"机器能创造新颖的艺术、音乐作品"这一事实来反驳，但你要知道，正是因为有了人类的聪明才智，才有了创造力，才能对行业进行分析，完善战略抉择，从而洞悉合适的时机与环境以及是否开始实施，这是很重要的一点。由此可见，要想取代战略工作所需的人类智慧，还有很长的路要走。

尽管人工智能和机器学习前景广阔，但几乎没有证据表明，人类的目标精神、可持续性、对后代的思考等众多独特特征可以

---

① 英文为Facebook，已于2021年10月28日改名为Meta，来源于元宇宙（Metaverse）一词。——编者注

被植入计算机编程。计算机能够像人脑一样思考、行动、反应、重构和重新设计的时代还远没有到来。当然，计算机处理数据的速度比人要快得多，并能产生多种可能的结果。相对于试图为组织制定战略议程的人类决策者，计算机在这一方面绝对占上风。

稳步策略和应急策略

明茨伯格明确区分了稳步策略与应急策略。他自己也承认，这一前提略带误导性。没有哪个战略是完全没有漏洞的，也没有哪个战略是完全紧急的。"一个意味着没有学习，另一个意味着没有控制。所有现实中的策略都需要以某种方式将这二者结合。"具体如何才能将这二者完美结合还不太明确，但有一点很明确——制定战略时必须让战略具有一定的灵活性。

明茨伯格一直对战略产业、战略产业的起源和形成方式持强烈批评态度，他对战略应如何发展、不应如何发展有自己具体的想法。他后期的著作《战略之旅》（*Strategy Safari*）介绍了10个不同的战略学派，全面总结了战略作为一门学科的演变历程。阅读此书也是一次有益的"战略之旅"，我们能从中认识到，任何战略工作都具有高度的模糊性。

第一部分 ◀
探索场景的应用

◁ 沃伦的《战略的麻烦》 ▷

　　2012年沃伦在评论中总结了战略中好的、坏的、丑陋的方面，他的评论比明茨伯格更为详尽、具体。从好的方面来说，沃伦介绍了一些能实现重大转变，并常年保持高绩效的组织。"请注意，好的战略不仅仅是面向市场的业务，还需要在开发、生产和供应公司产品或服务过程中谨慎选择、高效实施。"从坏的方面来说，沃伦列举了英国航空公司和荷兰皇家航空公司试图在低价市场竞争的例子。对这两家航空公司而言，这一决定都并不明智，而且，这种构想也无法在现实中执行，他们根本无法在低价市场战胜瑞安航空公司、英国易捷航空公司。但不管怎么样，他们还是这样做了。"错误就在于，他们在没有证据表明其有效的情况下继续坚持努力。"收购是战略的另一个目标。"几十年来，研究发现，大多数收购行为都会损害收购公司的本来价值，但这类收购行为并未因此得到抑制。"最后，战略失败还有一个关键原因，即仅执着于下一季度的业绩而非长期利益。回顾2008年这场席卷全球的经济危机，荷兰合作银行是荷兰规模很大的金融实体之一，该银行在当时储备了约300亿欧元，以此应对下游可能出现的崩溃，这在当时并不多见，沃伦对此进行了介绍。

根据罗伯特·卡普兰（Robert Kaplan）和戴维·诺顿（David Norton）的研究，沃伦指出，策略的效用并不明显。

一项报告指出：

- 75%的管理团队没有明确的客户需求。
- 只有不到5%的员工了解公司战略。
- 只有51%的高级管理人员、21%的中层管理人员和7%的一线员工将个人目标与组织战略挂钩。
- 每年多达25%的战略措施发生变化。

沃伦的批判主要集中在战略规划实践的三个核心问题上，即效仿成功的组织；财务团队中的定位战略；滥用战略方法。

效仿成功的组织

找到一个成功的例子并模仿是极为吸引人的，但是，无论是个人还是组织，试图模仿当红摇滚明星注定让人失望。想想那些教你向杰克·韦尔奇（Jack Welch）或史蒂夫·乔布斯（Steve Jobs）学习领导力的传记吧。诚然，向他人学习可以增加经验，让你有所收获，但在盲目照搬他人经验之前，必须对其仔细分析。亚马逊在数字市场上成功的关键策略不一定适用于制造业或零售业组织。简单复制某特定组织的成功策略，并想着"这也会对我有用"就太天真了。

"关于战略的图书中存在一种常见的趋势，那就是堆积成功案例，然后把这些案例作为所有人都可以效仿的榜样。"但这种做法却极为危险，就像数据一样，你不可能用另一个组织做的事情来代替自己组织应该做的事情。"量身定制"已成为趋势。随着市场的划分越来越细致，敏锐的观察者会明白，具体问题具体分析可能已经成为最后一招。诚然，现有的战略方法很多，但其贡献的大小要取决于从业人员的投入程度。要想了解某个组织已经做了什么、其中哪一部分可能与你的组织相关，你就需要在组织与行业内虚心学习。

财务团队中的定位战略

自20世纪90年代以来，战略逐渐被纳入财务团队。麦肯锡公司最近的一项研究表明，在《财富》（*Fortune*）杂志评选的1000强企业中，有956家公司的战略功能以财务为基础。沃伦观察到，财务在组织运作中发挥了重要作用，"但他们不理解战略"。在介绍财务策略时，沃伦记录了以下步骤：第一步，准备和分析历史财务报表；第二步，进行收益预测；第三步，预测损益表；第四步，预测资产负债表。如果不关注外部环境，不对竞争对手、市场机会和可用资源展开分析，怎么能称为战略？要想进一步增强洞察力，深入了解市场，对重大的潜在转变有所察觉，就不能把目光局限于财务比率和内部现金流。

20世纪90年代是战略专家人才辈出的黄金时代。公司里到处都是青年才俊，他们准备将MBA[①]课程上所学到的知识付诸实践、将重要的资源用于战略管理，公司甚至还设置战略部门。是的，这是战略专家的黄金时代，他们有足够的资源来实现全面发展。当时，公司的整个部门都致力于研究战略管理科学，大多数大公司都拥有充足的专业知识。那究竟是哪里出了问题呢？据研究文献表明，这些大型战略团队和部门无法回报其所需投资。如今，许多咨询公司都在提倡"战略金融"，这与沃伦在大约10年前描述的情景几乎完全相同。

滥用战略方法

战略方法一直是一个难解的谜题，未来也还是如此。

2010年，战略咨询公司麦肯锡完成了一项为期两年，名为"战略理论倡议"的研究。这一研究是对该领域所有学术文献和咨询手段进行基础、完整的回顾，旨在以此确定真正强大的理论

---

① 指工商管理硕士。——编者注

和方法。其研究团队中人才济济，成员都是业内极有经验和见地的专家。但两年下来，他们几乎一无所获。

战略规划中最常用的方法并不新颖，还是原来的SWOT分析[1]、市场细分、价值链分析、竞争对手分析、波特五力分析、七力分析等。每种方法都有其效用，但没有一种方法能够单独使用。有时，这一清单中还包括场景规划，但即便是仔细检查，结果也通常只有最佳情况、最坏情况和现状情景，几乎没有篇幅介绍如何使用场景（本书接下来会有更详细的介绍）。关键是，最常用的手段都具有随机性，这也反映出每位受过MBA培训的首席执行官对量化偏好的蔑视。

SWOT 分析

排在首位的是SWOT分析（表2.1），这一点值得我们特别关注。这个简单的表格分析了组织的优势、劣势、机会和挑战，SWOT分析是当今大多数战略工作的基础。为什么呢？

我不想再多加赘述，但人们却一次次地忽略这一方式的缺陷。尽管如此，SWOT分析可能仍是公司最常用的战略手段。毫

---

[1] 指基于内外部竞争环境和竞争条件下的态势分析，S（strengths）指优势，W（weaknesses）指劣势，O（opportunities）指机会，T（threats）指挑战。——编者注

表 2.1　SWOT 分析

	优势	劣势
机会	获得与组织优势相匹配的机会	克服劣势，争取机会
挑战	利用优势来降低组织应对威胁时的脆弱性	弥补短板，减少组织可能受到的威胁

无疑问，研究一个组织的优势、劣势、机会和挑战是有价值的。但结论通常是一长串过于模糊的要点，几乎没有什么用处。其中，常见的优势有"优质的客户服务""在市场份额中占据主导地位"等；机会往往有"增加市场份额""收购公司"等；人们不太喜欢反思自己的弱点，因此，挑战通常被淡化，甚至被忽视。如此看来，对SWOT分析的应用实际上是在展示组织的优势，而不是关注外部环境，淡化风险与挑战。有效的SWOT分析必须对外部环境展开调查和分析，我们应该清楚的是，长期以来人们一直将SWOT分析作为唯一的战略手段，但在通常情况下这是远远不够的。SWOT分析往往会得出"记事清单"和"选项清单"等，虽然这一点很好，但必须要明白这些清单是基于什么得出的。如果答案仅仅是经理、高管的看法，那这种清单便没什么价值。要想实现SWOT分析的效用，关键在于证据、市场数据、调查或访谈研究。有了这些，才有机会对不同领域深入研究。

2×2 矩阵法

沃伦曾明确对2×2矩阵法提出批评。他特地引用了波士顿咨询集团（BCG）的增长份额矩阵（图2.1），并分别对其进行了解释说明。

波士顿增长份额矩阵的x轴为"相对市场份额"，y轴是"市场增长率"（每年以百分比形式呈现）。整个矩阵包含四个象限，分别为"星星"（左上）、"摇钱树"（左下）、"狗"（右下）和"？？"（右上）。在过去几十年里，BCG矩阵引起的争议比其他任何战略手段都要多。它从来都不是组织战略的唯一解决方案，但部分领导者却始终坚持使用这个方法。

实际上，为显示自身在每一象限都有优势，一些组织滥用

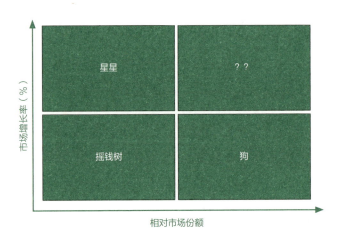

图2.1 BCG 增长份额矩阵

BCG矩阵，过度多元发展，盲目拓展与其核心目标无关的业务。到20世纪70~80年代，人们逐渐意识到，这种公司的总价值低于多个小公司的价值，于是许多公司被拆分出售。

比率和基准

学术界和研究公司广泛参与其中，试图了解、比较业绩，由此对统计和比率产生了依赖。许多顾问专门从事各种数据库的开发，方便客户对比本公司和其他公司业绩，这一方式已被许多公司采纳。六西格玛和统计业务过程控制的兴起增强了这种分析型战略管理的吸引力。借鉴明茨伯格的研究，这些方法看起来简洁、严谨、高度量化，但实际上，这类比较方法相似性不足、效用不大。沃伦举了北海一石油生产组织的例子：某一流咨询公司为一家运营商做详细研究并得出结论——与最强劲的竞争对手相比，该公司在维护方面严重超支。该公司听取了咨询公司的意见，削减开支，以严格的程序进行管控。5年后，相关设备状况极差，经常发生故障，甚至中断生产。修复成本高达数百万美元，员工的人身安全也无法得到保障。

框架和图表

每个管理咨询公司都有自己的一套框架和图表来用于指导实践。在通常情况下，顾问都会以幻灯片文档的形式为客户提供服务，大多数公司还会将其卖给客户。以图像的形式呈现复杂过程的方法十分有效，但大多数框架和图表都只是用方框、箭头修饰的列表。有时这些方框的排列方式旨在明晰因果关系，如以竞争优势提高绩效，但实际上此举弊大于利。首先，方框里的文字抽象且模糊，该领域甚至不能明晰什么是竞争优势或性能，所以问题依旧存在——资源到底是什么？它与能力有什么不同？其次，即便在定义上达成一致，也还有另一个问题，即如何衡量我们正在谈论的内容？

◁ 有效的方法 ▷

沃伦列举了四种战略方法，这些方法经受住了时间考验，具有实际效用，分别是经验曲线、波特五力模型、价值曲线、场景规划。20世纪60年代，波士顿咨询集团发明了经验曲线，"该方法解释了随公司累积产量（经验）的增长，新产品的单位成本是如何下降的。"与其说是战略手段，经验曲线更是一种启发式或经验法则，它提供方法来理解组织成长过程中的预期表现。1980年，迈克尔·波特（Michael Porter）首次发表"五力说"，从五个方面分析组织的竞争环境。"事实上，廉价航空、手机、平板电视，甚至网页浏览器、社交网络等不同行业的兴起都存在一个完美的五力故事。"价值曲线表明，关注客户需求及客户愿意做出价值"权衡"的事物，组织就能明白新的商业模式或看到新机会。以低成本航空公司为例，沃伦认为，顾客愿意"权衡"某些优惠或津贴，如购买廉价机票。最后，沃伦提到利用场景规划将不确定性融入规划过程。需要注意的是，它们不能只是简单的最优情况、最坏情况或现状。

我们应该承认，尽管沃伦总体上对战略领域持强烈批判态度，但他的确强调了一些有效的要点和思维方式。目前来看，组织领导者很难对其战略规划过程完全满意，沃伦的分析无疑也会受到质疑。如果你能举出实例，大多数人会告诉你，他们所做的大部分工作都无异于"在雨中跳舞"，这类组织每年都会尝试新事物、祈求好运，但最终还是依赖前文讨论过的"标准手段"。

战略教育

大多数战略相关负责人上过MBA课程。20世纪80~90年代，合格的顾问和经理必须获得这一学位。MBA课程由美国管理商学院联合会负责管理，旨在确保各商学院教学内容一致。但结果导致被确定的教学内容很难再更改。多年来，MBA课程一直受到严厉批评，一些人甚至宣布该学位已失效。美国管理商学院联合会调查数据显示，截至2020年年底，标准MBA课程包括市场营销、金融、会计、领导力、经济学、问责制和商业道德等课程。除非将金融和经济学视为战略基础，否则课程中的任何内容都与战略无关。

尽管与战略密切相关，但标准的MBA课程通常只包括一门与该主题相关的可选课程。根据美国管理商学院联合会最新课程涉及的领域，可以推断出战略、战略规划和更多相关流程都被隐藏在了其他地方，其中的问题显而易见。撇开这个问题不谈，沃伦直接切入主题——谁负责教授战略？

请试着想一下。如果你正在上一门战略课程，无论是MBA课程还是高管课程，可以问问你的教授他们是否曾为一个真正的组织制定过战略并应用多年，而且随竞争条件变化和组织自身发展对战略进行适时调整。如果答案是否定的，再问问他们擅长哪些技术策略方法，他们是否会将这些知识教给你。最后问问他们你还需要什么其他技能才能正确地制定战略，以及谁会教你这些技能。

MBA课程和高管课程在很大程度上已成为内容培训课程。这类课程介绍战略，却不教如何制定战略，实用性不强。由此就引出了沃伦的一个关键结论：许多战略相关负责人都师从未制定过战略的教授，学习过程中并无实际应用的经验。著名的，或者说声名狼藉的哈佛案例研究方法让数千名新兴战略专业人士相信，他们读完20页的案例就知道该怎么做了。虽然案例研究法是有用的，但它们大多只会误导人们，为战略决策提供虚假的"强心剂"。

解决方案和总结

沃伦对战略规划的评估极为严苛，但他也谨慎地在适当时机指出其中的例外情况。本章概述了战略规划的主要问题，以此证明战略规划的效用不大。然而，一年一度的公司"在雨中跳舞"的情况却从未减少，代价之大令人瞠目结舌。

沃伦不仅提出批评，还直截了当地提出解决方案。他从高管层出发，提出以下问题：

- 你是否真正了解贵公司的战略，以及它是如何随着市场和竞争条件的发展而演变的？
- 对于主要业务变化是如何影响业绩的，你真的做了严格的量化理解吗？
- 你真的了解市场和渠道变化的性质和规模吗？
- 你是否真的了解竞争对手在做什么、他们的行为会对你的表现产生什么影响，以及你知道该如何应对这些影响带来的变化吗？

沃伦建议在每个业务团队中安排一名战略专家。这一举措的目的并不在于重振20世纪90年代的大型战略团队和部门，而是要在整个组织中对战略专业知识进行分层，其中包括人力资源、市场营销、信息系统和财务等。重点是将战略作为一个系统分配到更大的组织系统中。

接下来是战略顾问的问题。"战略顾问面临着两难境地：一方面，如果客户能看到其工作背后的意义，战略顾问就有机会得到更好的工作，有自己的用武之地；另一方面，如果客户拒绝接受无意义的项目提案，战略顾问可能根本无法参与其中。"要改善这一状况，战略顾问和聘用他们的高管都需要勇气。

提高商学院的门槛是沃伦的另一解决方案。尽管很难实现，但最好还是将典型的商学院课程转向实际应用，这一点在战略领域尤为重要。商学院改变教学方式的压力，也可能来自那些想要报名的学生。对实用技能提出要求（教会学生如何开发、实施战略）是参加这类高价课程的一个合理的起点。

◁ 场景规划实践中的问题 ▷

场景规划已成为思考不确定未来的一种有力方式。场景规划打破了"未来可预测"的假设，而这也正是其出现的原因。场景的开发是为了弥补战略规划中存在的诸多问题。与战略规划相比，场景规划的发展历史要短得多，总体应用案例也要少得多。因此，与战略规划专家面临的问题相比，场景规划的问题更少、涉及的专业人员更少。目前，场景已成功应用于各行业、各部门，但场景规划者的实践应用方法还不够明确、不够完善，还有很大的进步空间。几十年来，场景规划者一直在探讨如何才能更有远见，其中就包括直觉主义逻辑学派、法国学派、交叉影响矩阵分析预测法等方法。现在是时候把关注的焦点远离争论，专注于长期忽视的问题了。

一旦有了这些场景，你会怎么做？

这也正是我在本书中想要解决的问题。

场景规划实践中的问题主要体现在三方面：少有甚至没有使用指南；场景规划教育；实践领域。

少有甚至没有使用指南

场景规划实践中的最大问题是缺乏使用场景的指导。

这个问题不需要详细描述，因为前文已有完整概述。后文将介绍其解决办法。关键在于，如果你不知道如何使用场景，那么即使拥有场景也没有任何意义。

场景规划教育

一直以来，场景教学是通过师徒关系传授的。你必须在知名公司的场景团队中花费大量时间，或在为数不多、提供培训的一流咨询公司学习场景规划。目前还没有教授场景规划的专业学校或专业组织，也没有一门MBA课程专门讲场景规划。当然，可能某一节战略课程会涉及这一内容，但这还不足以培养一名合格的实践者。那么，如何学习场景规划呢？场景规划诞生于实践，但没有具体的来源。

数年前，一群壳牌石油公司的高管组建了全球商业网络（Global Business Network）并开始运营。他们的任务是就情景规划展开广泛商议，最终提供培训项目。时至今日，你会发现网站上的许多场景规划专家都参加过全球商业网络培训。2000年，全球商业网络解散。今天，若要学习场景规划，你仍然需要一位顾问。

有的书曾描述了开发场景的各种过程，其中有几本写得很不错。但由于作者学习的时间、地点、方法不同，他们在书中介绍的场景规划的实践方式也大不相同。MBA课程比较规范，由认证机构严格监督，但这里的重点不在于获得MBA学位，而在于颂扬多样化的场景应用方法。此外，向最优实践或共同认定的能力趋同可能是有益的。

未来学家罗斯·道森（Ross Dawson）在其网站上汇编了一份大学未来及前瞻性学位和项目清单。该清单不局限于场景规划，而是广泛地涵盖了未来和前瞻性领域。其中有些课程淡及了场景规划，但没有一门课程专注于此。唯一的例外是牛津场景课程，虽然这门课不属于学位课程，但它针对场景规划，是门为期一周的培训课程。

实践领域

场景规划源于实践，属于应用领域。由于场景规划需要应用于特定的环境、行业和情境，它无法作为一门纯粹的学术学科而存在。此外，其学习难度大，相关的学术、科学方面都受到影响。尽管对场景的研究越来越多，但人们真正开始关注其成果和实用性还是近十年才开始的。现有的大多数场景规划研究通常还停留在介绍案例层面，且大多数都没能找到一种合理的研究方法。由此，本书提出了另一大挑战，即呼吁有条不紊地推进场景规划研究、记录预期结果并探索实现方式。若本书能给其他学者、实践者提供一定的帮助，那它就是有价值的，即使还称不上是学术研究。可以这样想：简单介绍场景规划实例并不可取。相关问题如下。

1. 我们做了什么？

2. 我们是怎样做到的？

3. 我们的研究方法合法吗？

4. 我们从中学到了什么？

5. 为什么我们认为它是可习得的呢？

6. 对于想证明场景规划值得花费时间、精力的人，它有什么帮助？

作为一门学科，场景规划的发展并不迅速，多年来缺乏研究方面的支持，其实践中存在的问题还不太严重。事实上，这类问题比战略规划中的问题更容易处理，因为场景规划在标准化和学术培训方面的发展历史不长。过去十年里，场景规划研究越来越严格，这一趋势实际上有助于其发展，对此本书提出的一个挑战是如何让它继续下去。

我们必须保证证据的长期有效，坚持科学的严谨性，以此确定并解释场景规划的结果，明晰如何实现这些目标会进一步巩固实践。简而言之，应用学科必须平衡实践和研究这两方面。迄今，场景规划的实践已远超其研究，但规模却未继续扩大。通过支持、促进和庆祝研究的发展，继续在学术上完善场景规划，对于增强学科信誉度极为重要。

未来方向——准备就绪

目前，场景尚未作为标准业务活动而被广泛采用。场景规划者普遍发问，为什么大多数场景演习都是一次性的？在应用场景方面，有些公司确实历史悠久，但没有一家能像壳牌石油公司一样可以夸耀自己的场景实践。对于"一次性"这种说法存在几种解释，其中最有说服力的是场景应用指导的欠缺。场景规划之所以未能达到预期效果，正是因为规划者不知道如何应用场景。因此，继续摸索应用场景的多种方式至关重要。还有一种说法，对场景应用理解的匮乏与前期的准备工作相关。

场景规划比传统的战略规划更复杂，它鼓励参与者以新颖、多元化的方式思考，与大多数人熟知的标准战略规划流程（如SWOT分析）相比更具挑战性。要想使规划方案真正取得成功并长期使用，就需要提前做好准备工作。经验告诉我们，有两方面极为重要：所需的组织资源（如时间、财务支持、差旅成本、日程安排的复杂性等）；参与者的心理准备（如是否愿意接纳辩论，是否愿意考虑不同观点，是否能够尊重差异、继续向前，是否愿意反思自己的心理模式等）。提前对组织和个人的准备情况进行评估，更容易确保场景项目取得成功，也更能满足赞助者的期望。

解决方案

针对场景规划实践中出现的问题，本书提供的解决方案相对清晰。本书主要解决"场景应用缺乏指导"这一问题。但仅仅做到这一点还不够，或者说可能还差得很远。在他人应用场景时，人们能做出反应，如开始尝试对话交流等，也是本书的写作目的之一。幸运的话，其他场景规划专家还能在读完本书后再给我介绍几种我没想到、没提到的场景应用方法。总的来说，我们在这一领域做得越多，场景就越实用。

场景规划需要有个"家"。它需要一个专业的组织，一个让从业者和学习者一起工作的地方。针对最佳实践、应用标准、性能结果，甚至场景规划能力展开讨论并付诸实践，都极富挑战性和乐趣。还有那么多重要的工作要做！诚然，要想实现这一目标，需要付出极大的努力；同时，组建专业的组织极为烦琐，对大多数场景规划专家来说，这并不那么有趣。然而，一旦组织建立起来，这一组织就能为场景规划中的不同声音提供讨论的平台。只有不断地辩论和对话，这门学科才能向前发展。此外，我们也该把提供给客户的建议应用到自己的活动领域。

　　本章仔细研究了战略规划和场景规划的具体实践情况，着重关注了二者面临的主要困难。现有文献，尤其是与战略规划相关的文献极为庞杂。本章介绍了这两个领域中最大的难题，并在适当的情况下提出解决方案。

第**3**章

如何创建场景

场景规划有多种不同的构建方法，这一点既是机遇也是挑战。经过多年的演变和发展，每种方法都会产生不同的选择、理念和预期结果。例如，花几小时粗略地绘制几张场景草图很容易，这些场景对于达成某些目标可能很有用。但你也可以选择花8个月甚至更长时间设计出更详尽、技术更过关的场景，配备系统动力学、经济建模和其他分析支持工具。需要明确的是，不同方法差异巨大，与刻板的MBA课程相反，每个场景规划者都可能至少使用一种略有不同的构建方法。没有认证机构来监督场景规划教育是否达标，也很少有对能力或实践标准的讨论。即便是学术场景规划文献，也曾就多元方法展开辩论。

本章意在介绍常见的几种场景规划方法，并说明没有完全正确的方法这一事实。本章只是简要介绍了几种常用的场景规划方法，细节内容不足，无法作为操作指南来详细地介绍讲解。此外，本章不深入研究其他预测方法（如反向预测、设计未来或预测未来等），而是将重点放在构建场景的方法上，并对其进行简要描述。

构建场景的方法通常分为三类：

1. 不关注2×2矩阵法，也不推广任何阶梯式方法。
2. 依赖2×2矩阵法或其变体的方法。
3. 难以分类、相对特殊的方法。

本章介绍的所有方法都适用于构建场景。

阅读本章时，请记住以下两点：

- 本书目的在于让你认识到，如果不了解如何使用场景，那场景就没有任何意义。
- 如何设计场景并不重要，重要的是目标、专业知识和思维的严密性。

在探讨各种场景规划方法之前，有必要了解一下皮埃尔·瓦克最后的成果。简而言之，从1965年到1982年，瓦克担任壳牌石油公司场景规划方面的创始人，他的工作及多年来团队的广泛支持为其场景规划奠定了基础。瓦克在壳牌石油公司工作了20年，作为场景团队负责人也有十几年的工作经验。1980～1982年，在他最后的职业生涯里，瓦克被派去记录自己的经验。在壳牌石油公司最后几年，他前往世界各地的运营公司，在提交最终的方案报告后，瓦克从壳牌石油公司退休，又在哈佛商学院担任了两年的客座教授。1982～1984年，在哈佛工作期间，他曾为《哈佛商业评论》撰写了两篇文章，这两篇文章都在1985年获得麦肯锡奖。

在第二篇文章的结尾，瓦克提供了一张神秘的示意图，并附有两段解释，但这并不令人满意（图3.1）。

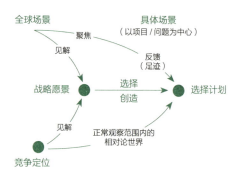

图 3.1 皮埃尔·瓦克的"选择一代"

由于瓦克的文章并不明确，一些场景规划学者和实践者试图解释其场景规划概念模型。在阅读本章中介绍的场景构建方法时，请注意，其中一些方法显然受到了瓦克的影响。这并不是一种批评，而是为了强调一个事实——即便是最前沿的场景构建方法也有瓦克想法的影子。细心的观察者可用后文中的方法证明图表中的内容。

◁ 概述 ▷

本章分为四部分，第一部分将介绍不依赖2×2矩阵法的场景构建方法（尽管它们都为这一方法留出了空间）。这些方法不提倡任何阶梯式方法，不赞同构建场景存在正确的方法这一主张。其中包括以下方法。

- 牛津场景规划方法。
- 基斯·范德海登（Kees van der Heijden）《场景：战略对话的艺术》（*Scenarios：The Art of Strategic Conversation*）中提出的方法。
- 亚当·卡哈恩（Adam Kahane）在《变革性场景规划》（*Transformative Scenario Planning*）中提出的方法。

上述每点都以其基本概念、基本前提为基础，经过反复回顾与反思，最终才得以成型。我的目标不是向你展示如何应用这些方法，而是以每本书的作者的观点为样例，启发你自己设计场景构建的方法。

本章第二部分将会介绍基于2×2矩阵法的几种场景构建方法。

本章第三部分将会介绍不同于2×2矩阵法的场景构建方法。

通过回顾这些方法，本章结尾总结了其中值得借鉴的要点及其对场景应用的意义。

◁ 牛津场景规划方法 ▷

牛津场景课程始于2003年，由拉斐尔·拉米雷斯（Rafael Ramirez）和安吉拉·威尔金森（Angela Wilkinson）创立。该课程为期一周，提供了可能是最个性化的场景规划方法。经过近20年的观察与反思，在高水平专业实践、高度专业知识和充分研究的基础上，牛津场景规划方法得以形成。

在《战略重构：牛津场景规划方法》（*Strategic Reframing: The Oxford Scenario Planning Approach*）一书中，拉米雷斯和威尔金森记录了他们在课程中教授的场景规划方法。二人明确表示，他们并不提倡任何特定的步骤、过程或方法。"我们相信，在场景规划中，没有最佳或最正确的方法，也没有技术或工具能构成最佳或最正确的方法。牛津场景规划方法与其说是一种方法，不如说更像是一种思路。但在鼓励某一场景学习者时，最好还是理解并引导他做出选择。"牛津场景规划方法旨在为学习者和项目目标定制场景。拉米雷斯和威尔金森介绍了牛津场景规划方法的三个基本概念：重构、动荡和四大特性。

重构

根据马丁·赖因（Martin Rein）和唐纳德·肖恩（Donald Shon）的理论，拉米雷斯和威尔金森将信念、感知和基本结构（他们称之为"框架"）视为场景规划的核心。这些框架影响人们如何看待世界、融入世界。牛津场景规划方法是一种迭代方法，将场景规划定义成一种重新制定战略、重新做出选择的方式。其核心理念在于，场景过程可以让参与者感受洞察力，帮助他们以不同视角看待场景。在一般情况下，重构是一种做出假设、发现错误的能力。

动荡——因果结构理论（Causal Texture Theory）

埃里克·特里斯特（Eric Trist）和弗雷德·埃默里（Fred Emery）首次提出"动荡场环境"或高度变化环境（这种变化可能从根本上改变环境）的概念。通过分析环境的因果结构，

第一部分 ◀
探索场景的应用

他们认为，高度变化和高度复杂性共同作用，进而产生了高度不确定性。牛津场景规划方法将这类概念置于场景核心，研究该如何利用它们应对动荡环境。而场景的应用是为了帮助参与者和决策者更好地了解究竟是什么因素和力量催生了高度变化和高度复杂性，并由此导致不稳定、不确定性环境的产生。

四大特性——动荡性、不确定性、创新性和模糊性

除动荡性外，环境的不确定性、创新性和模糊性同样让人感到费解、难以应对。正如特里斯特和埃默里提出的观点，在一定的环境中，不确定性是动荡性带来的副产品。在一般情况下，环境都会有动荡性和不确定性，而构建场景就是为了深入了解这些特征。创新性和模糊性则需要进一步探究。

创新性

1989年版的《牛津大词典》将创新定义为"新的、原创或不同寻常的品质"。拉米雷斯和威尔金森以举例的方式阐述了不同情境下的创新发展。

对一部分人来说，包括纳米技术、人工智能、机器人技术、

编程和通信在内的计算机新技术的融合，预示着自动生成时代的到来。在这一新时代里，"地方资本主义""循环经济"可能会在规模、发展速度以及本质方面发生巨大变化，近期的全球金融资本主义时代或更早的工业化大规模就业时代已一去不复返。

还有更具体的例子能证明这一点。"据称，亨利·福特（Henry Ford）曾表示，如果你问人们想要什么，他们会回答'跑得更快的马'，但汽车大规模生产的设想及实现却催生了一种新的消费主义文化。"这个例子很好地解释了在进行战略性思考的同时如何应用创新性。创新精神的精髓就在于，想别人不敢想的事并将其付诸实践。

模糊性

"对同一事件或现象有不同的解释时，就会产生模糊性。牛津场景规划方法的目标并不在于立即厘清模糊，尽快解决问题。"1989年版的《牛津大词典》将模糊定义为"在解释某事时持开放态度，指不确定性"。诚然，对未来或战略工作的思考向来没有固定答案。在组织的创建、发展和战略部署方面，人类的感知处于核心地位，而模糊始终是其中的一部分。

在解释了这些基本概念之后，接下来就可以介绍牛津场景规划方法的7个关键性前提。

1. 许多组织饱受四大特性的折磨，这一情况前所未有。

2. 在四大特性的影响下，需要谋求新的战略和政策规划方法，以达到竞争、合作机会的平衡。

3. 通过重新构建、重新感知的迭代过程来培养组织对未来环境感知的灵敏性。

4. 重构、重新感知形成一个周期。"顿悟"只有在多个周期完成后才可能实现。

5. 极端的群体思维和碎片化方式不利于在组织环境中学习，在场景规划下的学习可有效避免这一点。

6. 重构策略是一种特殊能力，能够使学习者发现更多的新机会、新选择。

7. 场景规划有助于引进新的社会资本，为行业注入新的活力。

这7个前提是牛津场景规划方法的基本假设。对学习者的场景规划体验来说，从业者在目标环境中对假设的理解程度至关重要。作者强调的重点在于，为学习者的学习经历量身定制相关的干预举措。

牛津场景规划方法的选择

牛津场景规划方法不提供任何具体程序上的建议，而是将重点放在场景规划者的多种选择上，为每种选择的利弊预留了空间。虽然场景规划者可以在不同的干预选项中自由选择，但牛津场景规划方法是以目的、用途、用户为基础的一系列场景规划方法。其中包括演绎法、归纳法、诱因法、规范法、增量法、多预期法、关键场景法、基于视角法。

由于牛津场景规划方法的灵活性较大，因此需要详细说明每一个选择。演绎法通常研究外部环境，并将研究结果总结为该环境中最关键的不确定性。从本质上来说，这就是2×2矩阵法，属于从宏观到微观的分析方法；归纳法从发现当前环境中的独特因素开始，逐渐扩大范围，扩展到有关趋势、不确定因素的大问题中，属于从微观到宏观的分析方法；诱因法是二者的结合，从本质上讲，它承认宏观环境是因、微观环境是果，二者共同运作，逻辑上相互联系；规范法在场景规划中并不常见，但其引入了"意图"这一概念，实际上至关重要。这些场景都是基于我们对未来的期望发展出来的，虽然规范性场景规划通常适用于长期项目（如气候变化或全球可持续发展），但在短期内也有成功的实例。

20世纪60年代，壳牌石油公司的皮埃尔·瓦克提出增量法。他意识到，向高管呈现极具挑战性前景的场景时，不能硬来，而要缓和。他的方法是将当前现实作为"现状"场景延伸到未来，然后证明当前现实是如何无法持续下去的。一旦证明了当前现实不可持续，他就会提出更具挑战性的替代方案。这种方法可用于2×2矩阵法或任何其他场景方法，以此表明现状无法维持。1981年，吉姆·达特尔（Jim Dator）提出了多预期法，其中包括四个标准场景（可根据上下文调整），主题一般是"增长""崩溃""保护"和"转型"。这些主题几乎可应用于任何情况，有助于减少场景规划者在特定组织或环境背景下定制工作中的工作量。关键场景法关注权力关系，旨在揭示组织和社会中固化的权力结构，并试图加以改变。拉米雷斯和威尔金森介绍了基于视角法。在这种方法中，场景规划的重点是"揭示并引导不同的世界观，在世界观中做出假设，帮助做出假设的人适应不同观点。"

牛津场景规划方法非常灵活，要有丰富的经验才能得心应手地运用，这是由场景规划者的选择决定的。牛津场景规划方法中正式的指导或结构不多，这就意味着选择不同，构建的场景也会大相径庭。从本质上来说，场景规划者是根据场景规划干预的情况和背景做出选择的。

◁ 范德海登的《场景：战略对话的艺术》 ▷

　　《场景：战略对话的艺术》一书于1996年出版。皮埃尔·瓦克从壳牌石油公司退休后，这本书的作者基斯·范德海登接替了他的职务。瓦克退休前，公司要求范德海登尽可能多地向瓦克学习。1989年至1991年，范德海登负责领导壳牌石油公司的场景团队，他在场景规划方面的经验和专业知识在当时可谓首屈一指，其方法侧重场景规划背景的开发，围绕"为什么领导者可能首先使用场景规划"进行哲学探究。书中有一章专门介绍场景开发，对牛津场景规划方法的介绍给了场景规划者高度的自由，全书关注的重点在于场景团队、新颖性、数据分析和历史研究。另外，"驱动力"的重要性不言而喻，与牛津场景规划方法相比，二者的主要区别在于归纳、演绎和增量场景开发层面不同。

归纳性场景构建

　　根据范德海登的说法，归纳法从对事件的认识开始，"归纳法是在现有数据的基础上逐步建立起来的，场景结构是自然形成的"。场景基于数据产生，事件和假设推动故事发展。在归纳法中，场景规划者首先要确定主要力量，让数据发挥最大效用。在归纳性场景构建的实例中，场景规划者通常会选择一个最大的不确定性作为场景主题，并通过研究来摸索不确定性的演变过程。一般情况下，在归纳性场景构建中，每个场景都有不同的主题，接下来的任务是确保每个场景不会过度重叠，而是作为一个整体联系在一起。

演绎性场景构建

在研究演绎法时，范德海登将注意力转移到2×2、2×2×2方法。在这些案例中，根据演绎法，场景沿着两三个结构变量的轨迹发展，这些结构变量构成了场景，用数据、采访和额外的研究来充实框架内的故事。这些场景从参与者建议中推导出来的框架开始，利用从额外的调查、研究和访谈中获得的见解来对场景工作进行补充说明。与牛津场景规划方法一样，范德海登的方法也允许使用2×2矩阵法。

增量式场景构建

范德海登确实对增量法给予了一定关注，"如果客户仍然要求证明场景方法能提供巩固战略对话的机会，那么这种方法的目标更低，也更有效"。这里再次强调了"官方未来"的概念，"官方未来"是现状，一切照旧发展。有很多方法在现实中并不适用，提供一个现状并将其分割不失为明智之举。这种方法不仅让人清楚地认识到当前的现实根本无法持续下去，还为研究真正可行的替代方案敞开了大门。

◁ 商业理念 ▷

范德海登最重要的贡献是他对商业理念的描述。这是一个简单的系统图，旨在描绘组织赖以生存的实际系统。将系统思维作为场景规划的前期活动的情况极为少见，范德海登的观点就是其中之一。这一观点的核心在于，首先要理解社会需求，然后将需求融入产品或服务，而企业的独特性就在于其独一无二的资源或能力。有很多公司已经开辟了一个空间，并在这个空间里提供价值、交付新产品（如美国西南航空公司或亚马逊）。但范德海登的观点的前提是，公司是否清楚社会需求；公司是否提供了超出当前业务范围的产品或服务；公司是否拥有利用资源交付新产品的能力。

许多高管团队认为，他们在总体商业理念上是一致的，但这种假设并不可靠。如果高管团队绘制各自的商业模式，结果定会截然不同，对此展开研究很有价值。这种对比实际上是在比较不同的心智模型，结果往往以一场极富成效的对话告终，对话内容包括组织开展业务的确切原因、具体需求，如何满足需求，交付产品或服务所需的关键机制。

◁ 卡哈恩：场景方法的进一步发展 ▷

1981~1993年，亚当·卡哈恩在壳牌石油公司担任场景团队的负责人。他曾在场景小组的领导者手下工作，先后跟随范德海登和约瑟夫·贾沃斯基（Joseph Jaworski）工作。在卡哈恩的处女作《解决棘手问题》（*Solving Tough Problems*）中，他介绍了在大规模社会政治背景下的几个场景规划实例，其中包括著名的蒙特弗勒尔场景，该场景于1991年提出，聚焦南非的未来。正如标题所指，卡哈恩的独特贡献在于其背景——他将场景规划（根据实际情况进行调整、定制）应用于诸多问题，范围极广，通常包括社区、州，甚至是国家层面，以此改进、变革系统。一提到变革系统，人们往往会认为现有系统存在问题。因此，该方法可归类于"标准场景规划"，即引入"目的"概念和团队对未来的预期。这样一来，变革场景的目的就在于创造一个更美好、更理想的未来。此外，在构建变革性场景的过程中，除最后阶段，从不谈论对未来的构想。

《解决棘手问题》一书以故事的形式编写，并不具体介绍场景规划过程。卡哈恩在书里介绍了一系列研讨会，主要是在各类小型团体中进行头脑风暴，这些小型团体主要代表未来南非大多数参与者的利益。研讨会的重点"不似以前，不在于他们和他们的政党希望发生什么，而只谈论可能发生的事情"。这类研讨会持续了好几天，"第一次头脑风暴诞生了30个故事，团队把这些故事联系在一起，总结成9个故事，以便进一步研究"。卡哈恩描述了一个头脑风暴的迭代过程，以此推进故事情节，最终在近一年时间内将它们总结成4个故事。关于场景规划在北美洲、南美洲、欧洲、亚洲问题场景及问题系统中的应用，卡哈恩都有记载。

◁ 变革性场景规划 ▷

2012年，卡哈恩在《变革性场景规划》一书中提出了一个结构化明显的流程，其中包括以下几个阶段。

1. 从整个系统中召集一个团队。

2. 观察正在发生的事情。

3. 以故事的形式讲述可能发生的事情。

4. 探索可以做什么、必须做什么。

5. 对系统进行改造。

在这些阶段中，卡哈恩强调了团队成员选择的重要性。他指出，背景、思维方式、种族、地位和角色的多样性至关重要，这一想法在系统的各方面均有所体现。在第二阶段，卡哈恩提出了几项观察建议，包括选择会议地点、从团队视角观察系统的不同部分、邀请各部门代表演讲介绍、团队的自我观察等，以此达成共识、巩固对系统的理解。在第三阶段，与牛津场景规划方法和范德海登的框架一样，卡哈恩利用演绎法，为应用2×2矩阵法留出余地。然而，他的大多数例子都是由归纳法得来的。"这两种方法都不是机械的，需要自己判断出哪个故事是最有用的。"书中有关"如何构建场景"的论述并不具体，其中的复杂性也未得以详细说明。卡哈恩表示，2×2矩阵法有时候也可以表示应用另一方法开发的一组场景，这样一来，人们在方法选择上就有了更大的灵活性。

第四阶段要求团队在变革系统方面明确能够做什么、必须做什么，并就此达成共识。从高效性、创造性方面考虑，卡哈恩主张通过日记、静默时间、反思、冥想、其他个人活动等方式暂停这一过程。团队有了时间反思，才能逐渐适应环境。"这种适应性要求你不能改变所属系统，必须接受并适应它。"接下来就是变革系统，"你需要假设在大多数情况下，自己可以通过与他人合作来改变系统。同时，告诉自己你必须勇敢地尝试这样做。"行动加反思，就能快进到最后一步——改变系统。"行动形式并不单一：运动、会议、活动、出版、项目、政策、倡议、机构或立法等都是可取的；可以是私人的，也可以是公共的；可以是短期的，也可以是长期的。"在大规模社会政治问题中如何应用场景，如何理解一个系统并对其加以改造，这是卡哈恩的主要贡献。

卡哈思的理论为设计、应用场景提供了广泛空间。由于其没有提供详细的指导，对于新手场景规划者并不适用。从一开始，他们就假定自己有一定的经验和能力。在为客户设计、交付场景方面有诸多选择，卡哈思的方法都侧重介绍选择而非细节，要求规划者在学习设计、推进、谈判、理解客户需求及组织发展方面具备充足的专业知识。这都要求场景规划者在全过程中做出专业选择，并对所做的选择充满信心。可以看出，这些方法为客户量身定制，其中也包括2×2矩阵法。值得注意的是，场景学习者和客户的需求、预期结果及场景使用方式至关重要，通常关系到场景构建细节上的决策。

◁ 2×2 矩阵法 ▷

关于2×2矩阵法的起源，有很多种说法。所有的证据都指向彼得·施瓦茨（Peter Schwartz）1996年出版的《前瞻的艺术》（*The Art of the Long View*）中一个简短的附录。1996年，施瓦茨时任全球商业网络的首席执行官。全球商业网络于1987年由彼得·施瓦茨、杰伊·奥格尔维（Jay Ogilvy）、斯图尔特·布兰德（Stewart Brand）、劳伦斯·威尔金森（Lawrence Wilkinson）和纳皮尔·科林（Napier Collyns）创立。施瓦茨和科林都曾在壳牌石油公司任职。事实上，施瓦茨是传奇人物皮埃尔·瓦克的继任者，担任场景团队负责人（1982—1986年）。到1996年，全球商业网络已成长为一家卓有成就的咨询公司，为世界级大公司提供场景规划服务。此外，全球商业网络还提供为期一周的场景培训项目，旨在教授实践方法。有证据表明，施瓦茨和奥格尔维于1996年在全球商业网络的网站上共同发表文章，由此推进了2×2矩阵法的诞生，而这也成为其培训项目的基础。所出版的《前瞻的艺术》第二版的附录中列出了2×2矩阵法的步骤，如下所示：

1. 确定重点问题或做出决策。

2. 确定当地环境中的关键因素。

3. 找到驱动力。

4. 按重要性和不确定性排序。

5. 选择场景的逻辑。

6. 充实场景。

7. 评估影响。

8. 领先指标，做出选择。

大多数读者都熟知这类通用的场景构建方法，因此不再详细描述。但许多场景顾问还是对基础方法稍加重述，简要回顾了每一种方法。本章明确指出，许多场景构建方法都是施瓦茨和奥格尔维最初思路的简单变体。以下人员对2×2矩阵法进行了解释说明：伍迪·韦德（Woody Wade）、保罗·休梅克（Paul Schoemaker）、保罗·德·鲁伊特（Paul de Ruijter）、麦茨·林德格伦（Mats Lindgren）、汉斯·班德霍尔德（Hans Bandhold）、比尔·拉尔斯顿（Bill Ralston）和伊恩·威尔逊（Ian Wilson）。

◁ 伍迪·韦德的《场景规划：未来的实地指南》 ▷

韦德从商时间超过30年，曾在银行业和世界经济论坛工作过很长时间。在《场景规划：未来的实地指南》（*Scenario*

Planning: A Field Guide to the Future)一书中，韦德曾写道："在场景规划过程中或研讨会上，没有固定的、教授具体做法的规则手册。"接下来，韦德描述了以下六个步骤，清楚地反映了2×2矩阵法的基础。

1. 规划挑战。

2. 收集信息。

3. 确定驱动力。

4. 定义未来"非此即彼"的不确定性，这一点至关重要。

5. 生成场景。

6. 充实场景，构思故事情节。

这些步骤与施瓦茨、奥格尔维于1996年定义的步骤基本相同，韦德的贡献更多在于以图画书的方式将其呈现出来，书里包含整页的图片、简单的引用。有关第四步的讨论介绍了2×2矩阵法，书中的每个例子都基于这一方法产生。总体来说，这本书的内容比较简单、浅显，没有提供各个步骤的详细描述，当然也无法付诸实践。

◁ 保罗·休梅克：决策战略国际 ▷

休梅克曾在许多公司任职，也在壳牌石油公司工作过一段时间，还曾在宾夕法尼亚大学沃顿商学院麦克技术创新中心担任研究主任长达10年时间。1990年，休梅克创立决策战略国际顾问公司，并于2016年将其卖给海德思哲国际咨询有限公司。1995年，休梅克在《场景规划：战略思考的工具》（*Scenario Planning: A Tool for Strategic Thinking*）一文中描述了场景规划的10个步骤，为决策战略国际顾问公司长达25年的咨询服务奠定了基础。步骤如下。

1. 定义范围。

2. 确定主要利益相关者。

3. 确定基本趋势。

4. 识别关键不确定性。

5. 构建初始场景主题。

6. 保证一致性、合理性。

7. 开发学习场景。

8. 确定研究的需求。

9. 开发定量模型。

10. 发展决策场景。

以上10个步骤与2×2矩阵法中的任何其他方法没有太大区别，只是更加详细而已。例如，第二步专门提到了主要利益相关者，这是一大亮点。在个人经验指导下，休梅克将这些步骤划分得更加具体。第五步涉及初始场景的构建，休梅克写道，"选择两大不确定性并将其交叉"。由此可以确定，这一点是基于2×2矩阵法产生的。虽然对"开发定量模型""发展决策场景"两点也有关注，但休梅克实际未曾就"如何实践、应用这些方法"给予示例、说明或详细指南。

◁ 保罗·德·鲁伊特的《基于场景的战略：导航未来》 ▷

在伦敦的壳牌石油公司从事了一段时间的规划工作后，德·鲁伊特开始在荷兰皇家艺术与科学学院使用场景法。最终，他创办了自己的公司——德·鲁伊特战略公司，同时在代尔夫特理工大学和阿姆斯特丹大学进行咨询和授课。德·鲁伊特以自身经验为基础，于2014年出版《基于场景的战略：导航未来》（*Scenario Based Strategy: Navigate the Future*）一书，在书中提出场景规划过程的8个步骤。

1. 接到任务。

2. 分析趋势。

3. 场景规划。

4. 做出选择。

5. 确定愿景。

6. 规划路线图。

7. 行动。

8. 监测。

这本书属于说明性指南，但德·鲁伊特尽量避免书中的步骤太过分散。尽管依赖2×2矩阵法，书中也有对归纳性场景方法的描述。与其他方法一样，在如何应用归纳方法方面，书里也有简单指导。在第三步中，德·鲁伊特还提出了2×2矩阵法以外的可能。德·鲁伊特的案例虽然简短，但可以看出他已将自己的方法应用于真实的场景规划中。这类方法更强调选择的重要性、确定可行的行动，并将其应用于场景规划。"在实践中，你可以以现有计划为起点，检查每个场景的目标是否可行；预算是否过高或过低；活动是否根据实际情况提出、推迟、启动或停止。"此外，尽管例子不够翔实，无法转化为实践，但他提出的"稳健的看涨期权和看跌期权"同样值得注意。德·鲁伊特在整个场景构建过程中提供了示例和指导，如果在场景构建完成后，他能详细介绍如何应用这些概念，将进一步提高其方法的实用性。

◁ 麦茨·林德格伦、汉斯·班德霍尔德——《情景规划：未来与战略之间的整合》 ▷

凯罗斯未来公司是斯堪的纳维亚半岛上的一家一流的咨询公司，林德格伦和班德霍尔德是其高级合伙人。二人以近40年的综合经验为基础，编写并出版《情景规划：未来与战略之间的整合》（*Scenario Planning: The Link between Future and Strategy*）一书，并在书中提出了场景规划的TAIDA方法[①]。

1. 跟踪。

2. 分析。

3. 成像。

4. 决定。

[①] 即跟踪（tracking）、分析（analyzing）、成像（imaging）、决定（deciding）、行动（acting）5个单词的英文首字母组合。——编者注

5. 行动。

该方法与基于2×2矩阵法的其他方法所涉及的活动如出一辙。跟踪涉及摸索趋势、发现不确定性、收集信息、了解行业四个方面。在这一阶段，需要根据对问题的影响、对趋势选择的推断，综合考虑趋势和驱动因素；分析阶段涉及理解各种驱动因素、趋势如何相互作用和相互影响，除此之外，这一阶段尤其注重选择不同的不确定性组合，创造所谓的场景"交叉"矩阵，同时，分析阶段要求将跟踪阶段出现的各种动态有机联系在一起，以此为基础开发书面场景；成像阶段介绍了内部愿景的发展，描绘了领导者渴望的未来，并将偏好纳入规划活动；有了愿景，下一步就是决定阶段，在跟踪外部环境发生的事情，以四种场景的形式对其进行分析、明确愿景之后，决定阶段结合跟踪、分析阶段的背景，着重探索"哪些行动可以朝愿景的方向发展"。

尽管在细节上有所欠缺，TAIDA方法在构建场景之外的工作上也提出了一些建议。决定、行动阶段太过模糊，难以付诸实践，对用户并不友好。跟踪、分析和成像阶段与施瓦茨在《前瞻的艺术》一书中的描述基本一致，为构建场景提供了借鉴。

◁ 比尔·拉尔斯顿、伊恩·威尔逊的《场景规划手册》 ▷

比尔·拉尔斯顿和伊恩·威尔逊是经验丰富的战略、场景专家。离开斯坦福研究所后，拉尔斯顿曾在斯坦福研究所商业情报和斯坦福研究所国际公司任职，后成立了咨询公司。威尔逊曾在通用电气的战略和人力资源部门工作了25年（20世纪80年代，他与皮埃尔·瓦克在那里共事），后在斯坦福研究所担任顾问。2006年，二人在斯坦福研究所相识，共同工作了几年，一起编写了《场景规划手册》（*The Scenario Planning Handbook*），为场景规划设计了18个步骤。

1. 为场景设计案例。

2. 获得管理层的理解、支持和参与。

3. 确定决策重点。

4. 设计流程。

5. 选择主理人。

6. 组建场景团队。

7. 收集可用的数据、观点和推断。

8. 识别、评估关键决策因素。

9. 确定关键力量和驱动因素。

10. 重点研究。

11. 评估力量和驱动因素的重要性、可预测性。

12. 明确不确定性的关键轴。

13. 将场景逻辑应用于不确定性。

14. 为场景编写故事情节。

15. 用场景预演未来。

16. 获得决策建议。

17. 识别要监视的标识。

18. 向组织传达结果。

威尔逊和拉尔斯顿详细地描述了场景构建的全过程，18个步骤又将整个过程进一步细分。尽管在划分步骤时补充了许多细节性描述，但施瓦茨的2×2矩阵法显然是其基础。二人从头开始，为场景规划设计案例，意在使决策者相信这是一个有用的活动。同时，二者关注主理人和团队、收集组织内的不同观点、了解环境中的重要动态。在此之后，进度就来到了第11步、第12步，这里要求场景规划者对重要性和可预测性排序，然后明确不确定性的两个关键轴。

该方法不局限于场景构建，在"如何使用场景"方面也给予了些许提示。他们的书中有两章内容主要讨论如何使用这些场景

第一部分 ◀
探索场景的应用

来思考未来、制定决策建议。但对那些希望应用的人来说，仅靠书里的几页内容显然是不够的。

◁ 总结 2×2 矩阵法 ▷

现在，你应该能够识别出那些常见的、以2×2矩阵法为基础的场景构建方法。在回顾不同版本的2×2矩阵法之后，就能明白它们之间并没有太大区别。不过，一些细微的差别依然是存在的，例如，在对"关键不确定性"排序时，标准可以是"重要性和不确定性""影响和不确定性"或"重要性和可预测性"，这取决于作者的个人偏好。一方面，你可能会说这些只是语义上的差别；另一方面，你可能会认为这些词和概念很重要。它们的重要性和影响不同，不确定性和可预测性也相异。本章的重点不是解决这些问题，而是强调构建场景在方法上存在差异，以及不同从业者使用的词汇也不尽相同。无论以何种方式进行划分，关键在于如果该方法最终确定了矩阵上的两个关键不确定性，那么你就是在使用2×2矩阵法。

2×2 矩阵法的补充说明

可能是太多曾在壳牌石油公司工作过的人都使用了这一方

法，导致许多人误认为是壳牌石油公司创立了2×2矩阵法。的确，在近30年的职业生涯中，皮埃尔·瓦克曾使用了两个2×2矩阵——但也只有两个。使用第一个矩阵是在他去伦敦正式为场景团队工作之前，当时瓦克正在壳牌石油公司的法国分公司工作，主要是用矩阵构建一些早期的场景。那时是1968年，壳牌石油公司参与了一个名为"地平线年规划练习"的长期规划项目。当时，瓦克是壳牌石油公司法国分公司的经济总监，负责领导巴黎办事处的项目。他提出的矩阵相对简单：竖轴代表"天然气可用性大小"，横轴代表"法国石油体制是会自由化还是保持不变"（图3.2）。

图 3.2　瓦克的第一个 2×2 矩阵

这个矩阵不是练习的结果，也没有证据证明瓦克如何、为何将这些因素作为重要变量。同时，他为什么要设计这个矩阵、是如何设计的，也没有答案。根据瓦克对背景的理解，他所选的两个变量似乎具有高度不确定性。第二个矩阵是对主要石油出口国进行分类。

因此，由于没有用于构建场景，它不能被称为传统意义上的场景矩阵。在这种情况下，"吸收能力"和"储量"成为关键轴（同样没有解释），并使用矩阵来划分主要石油出口国在象限内的位置（图3.3）。

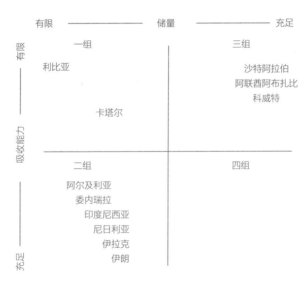

图 3.3　主要石油出口国及地区

关于2×2矩阵法的几点实用建议

在应用2×2矩阵法时，多年的经验告诉我，在场景构建中，需要格外关注领导的参与、团队的成员组成、如何在场景矩阵中标记关键轴两端，另外还要注意将经济作为一大关键轴的思路。

显而易见的是，当领导者参与进来时，场景构建会更有吸引力。领导力的存在或欠缺都向团队的其他成员传递了一个关键信息。当然，领导者很忙，很可能出现领导因某种紧急情况被迫离开、再也不回来或把工作委派给下级的情况，没有什么比这更能改变场景构建工作基调的了。

场景团队的成员构成也很关键。成员需要积极参与，说出自己的想法，尊重不同意见，共同进步，而不一定要达成共识。此外，每位参与者最好要对场景工作的重点有独到的见解。谨慎选择参与者十分重要，这样参与者才能在整个场景构建活动及之后的活动中受益。以上几点都证明，上一章提到的准备工作至关重要。

关于如何在场景矩阵中标记关键轴两端，文献中展开了一系列讨论，其中一个建议是考虑是否将矩阵作为网格或框架。图3.4和图3.5对这一想法进行了解释说明。

这两种方法也为标记轴端点提供了两种不同的思路。分析了每种方法的优缺点后，从业者需要根据具体情况做出选择。值得注意的是，"开或关，是或否"的方法很容易在好坏、现状场景上绝对化。在标记关键轴两端方面更具创意，才能创造出更有趣的场景。要知道，世界并不是严格按照积极或消极方式发展的。

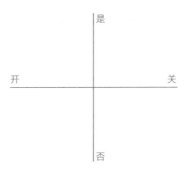

图 3.4　网格状场景矩阵

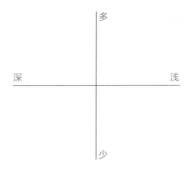

图 3.5　框架式场景矩阵

　　大量经验还总结出一个建议，即设定关键轴两端在性质上不同。这种方法产生的结果最好，设计的场景最具创造性。用三四个项目描述符（而不是一个单词）描述关键轴末端会带来极大改变。由于是描述两种不同的可能而非判定好坏，这一方法也就自然而然地去用更有创意的，而非简单贴标签的方式塑造场景。

◁ **独特的场景构建方法** ▷

回顾了场景构建的两大流派，还需要提到另外三种具体方法。

1. 迈克尔·波特的"行业场景"。

2. 米歇尔·戈代（Michel Godet）的"法国流派"。

3. 吉姆·达特尔的"四个未来"。

这些场景构建方法由来已久，代表了相异的、独特的方法。同样，本章的目的不在于为了应用这些方法而尽可能详细地加以介绍，而是为了让人们认识到，并着重强调这三个场景构建中一直存在的选项。

迈克尔·波特的"行业场景"

波特在研究竞争战略的同时也关注场景。在通常情况下，他不赞同场景针对特定业务问题、部门或业务单元，相反，他尤其关注行业场景。行业场景以宏观经济、政治问题为基础，"在竞争战略中，场景分析通常以行业为单位，我将其称为行业场景。行业场景允许公司将不确定性转化为对特定行业的战略影响"。以行业为单位进行场景规划，最终生成的场景能够综合考虑创新性、潜在竞争对手的行为及市场是如何发生巨大变化的。

构建行业场景的过程需要以下步骤。

1. 识别可能影响行业结构的不确定性因素。

2. 确定驱动这些因素的原因。

3. 对每一个重要原因做出一系列合理假设。

4. 将单个因素的假设综合至同一场景中。

5. 分析不同场景下占主导地位的行业结构。

6. 确定不同场景下的竞争优势来源。

7. 在不同场景下预测竞争对手的行为。

波特的方法不涉及2×2矩阵法，甚至连这个词都没提到过。相反，波特将重点转向竞争，这与他的作品完全一致。有一件趣事，皮埃尔·瓦克在1982～1984年担任哈佛商学院客座教授时，他的办公室就在波特的办公室对面。虽然没有留存下来的对话记录，但两人肯定有过交流。本章开头瓦克的示意图中出现了竞争定位；波特的书中也有一节是关于场景的，虽然他有自己的看法。

构建行业场景强调将不确定性作为规划过程的一部分，其独特贡献在于分析水平。但仍值得质疑的是，行业场景究竟是如何对决策制定或更详细的应用发挥作用的？例如，你无法从一组行业场景中获得任何类型的财务分析。

行业场景有时也被称为全球场景。具体到壳牌石油公司的实践就是，"全球场景是壳牌规划系统的重要组成部分。同时，集中化的场景应用对于制定局部战略、评估项目或决策也越来越重要"。可以想象，全球能源行业的方案意味着这些方案不会具体到可以应用于区域或地方层面。至少在壳牌石油公司，分层场景系统是首选。在壳牌石油公司的案例中，全球场景动态应用多组"子场景"，公司运用"子场景"为不同区域、业务提供定制服务。

米歇尔·戈代的"法国流派"

戈代教授现任巴黎国家艺术与工业学院战略规划委员会主席，他从业几十年，可谓一位多产的作家和顾问，他的工作以加斯顿·伯杰（Gaston Berger）的贡献为基础。深受埃德蒙·胡塞尔（Edmund Husserl）哲学思想的影响，场景规划的"法国学派"在很大程度上以现象学，即"对特定现象的研究"为基础。戈代的作品中几乎没提供具体指导，一般为三个阶段。

第一阶段：研究内部和外部变量。

第二阶段：识别关键变量。

第三阶段：开发场景。

第一阶段包括理解内部和外部变量及二者是如何相互关联的，通常将研究结果作为原始数据输入数据库，该阶段着重关注每个变量是如何影响其他变量的；第二阶段加速识别数据，从可能性角度分析、识别相关的变量和策略；第三阶段主要根据前两个阶段确定的趋势进行假设，这一阶段运用软件分析数据，从概率的角度估计事件的可能性，然后基于软件分析生成的假设开发场景。

虽然例子很详细，还有图表作为辅助，但在"如何实现目标"方面几乎没有指导。以上三个阶段较为模糊，给出的建议也没有提供执行任务所需的结构。

吉姆·达特尔的"四个未来"

达特尔是夏威夷大学名誉教授，夏威夷大学政治科学系未来研究中心前主任。经过达特尔50多年的辛勤工作，未来研究领域基本成型。虽然其成果广跨未来研究领域，但他在场景方面的贡献曾被记录于对牛津场景规划方法的讨论中，值得我们重视。达特尔的方法创立于1981年，该方法包括四个标准场景，这些场景根据特定环境进行调整，一般以"增长""崩溃""保护"和"转变"为主题。很容易看出，当规划团体、组织的未来时，这类主题一般可以作为原型使用。

近年来，达特尔最开始创立的方法得以调整，在亚太地区广泛使用（基于达特尔在该地区的工作实践)。即便是在自定义场景中，故事情节也会反复出现。正是基于这样一种理念，一套标准的场景原型才得以形成。举个例子，即便是使用2×2矩阵法，通常也会出现一个更乐观的场景、一个相当困难的场景和两个真正的备选方案。

◁　其他场景构建概念　▷

本章的目的并非深入讨论场景构建的实践和原则，而是简要概述常见场景构建方法。我还要提几个重要的场景构建概念，这些概念在其他地方肯定还会涉及，但考虑到其重要性，还是有必要在这里提到。首先，人们经常会问，哪种场景构建方法是最好的？许多作者、从业者都清楚，这个答案并不唯一，尽管事实如此，帮助人们选择场景构建方法仍然重要；其次，要提及的与场景的命名有关，本文就此提供了一些示例及建议；最后，还有可能性、合理性和质疑的问题，即如何根据效用来评估、判断场景。由此可见，场景构建过程选择极多，非常复杂，本文就此简要论述。

每种方法的利与弊

场景规划者就每种方法的利与弊展开讨论。但由于大多数场景规划项目都没有明确的目标和结果，因此这项活动的实际效用不大。要想选择适合的场景规划方法，最好要明确项目的目的和预期结果。如我们所见，开发场景有助于探索环境、做出假设，甚至测试组织策略的合理性。我认为，在创建场景之后，"如何使用"这一问题还没引起足够的重视，本书将重点探讨这一问题。在之后的章节中，本书将回顾7种场景应用方法，希望读者能借此加深对场景目标、使用方法及预期效果的理解。进一步加深对场景应用的了解之后，读者就可以在选择场景构建方法时做出明智的决定。

命名场景

所有的场景方法都有一大共同点——关注场景的命名。一组场景需要一个主题，在该主题中，每个场景都需要一个与主题相关的名称。

主题：披头士歌曲

场景名称：

艰难之夜

救命

神奇秘旅

主题：旅行科技

场景名称：

X 空间 猎鹰 9 号

约翰·迪尔（John Deere）

杜兰戈和西尔弗顿铁路主题：动物

场景名称：

犰狳

短吻鳄

鹌鹑

红狼

一些场景规划者称之为"心理魔术"，意思就是，场景名称能够快速提醒用户和参与者回忆起场景的核心故事情节。如果你要拜访以前的客户，只要简单说出场景名称，他们就能回忆起这个场景的主要情节。场景命名的作用极大，给场景命名时可以考虑地理特征（例如一个全州范围的场景项目名称可以考虑河流、山脉）或与行业相关的产品（例如不同类型的汽车）等。具体来说，可以将参与者分成多个四五人的小组，要求每个小组设计一个主题和场景名称，然后投票表决，这一环节极具创造性，充满了乐趣与活力。

可能性、合理性、质疑程度

几十年来，从业者和学者一直在争论，究竟什么才是评判场景的正确标准，这是场景构建中饱受争议的方面之一。我们应该根据其可能性（每个场景发生的可能性有多大）、合理性（这些场景是否会产生）、质疑程度（这些场景是否会引发人的情绪反应）来评估场景。同样，答案并不唯一，这一领域的见解正在朝多元化方向发展。但在用"可能性"进行评估时，需要注意，一旦某场景被判断为极不可能（或概率极低），它就会被忽略。这就是人类的认知模式——我们更多关注自己认为可能发生的事情。但这样一来，场景"延伸思维、打破常规"的目标就很难实现。要注意，壳牌石油公司引入场景之前的规划系统是建立在可预测性的假设上的。正是因为规划者发现其预测每年都以失败告终，这才开始引入场景。在过去的十年里，关于合理性的文章和实践明显增加。合理性有助于我们更加灵活地对场景做出评判，而不局限于"非此即彼"的立场。同时，合理性还要求场景团队更深入地思考可能发生的事情，将重点放在真正新颖、有创意和具有挑战性的场景上。质疑程度也给场景评估提供了更大的灵活性，这一标准同样也不好把握。大多数场景规划者一致认为，如果某一场景没有从参与者处得到任何情绪反应，那么这一场景就不合格。换句话说，如果参与者了解场景后没有反应，那就说明场景未能发挥其效用。场景应该对参与者产生一定影响，可能令人沮丧，可能令人振奋，还有可能让人非常愤怒。

尽管人们对可能性持警惕态度，存在拒绝使用、尝试生成场景的可能性，但实际上我在这里没有什么建议。根据我的经验，合理性和质疑程度是评估场景效用最有效的参考根据，也许实现两者的某种平衡才是最理想的结果。与这些概念相关的论述有很多，本小节的目的不在于深入回顾，而是帮助你在讨论本书的要点之前，先了解场景构建过程中的其他重要问题。

于我而言，评估场景的标准方法是让一组参与者（可能是三四个人）了解场景，并根据以下标准进行评估。

1. 可能性：场景必须在逻辑上是可行的。

2. 挑战性：场景应该引起人的某种反应，帮助你以一种新颖的方式预见未来。

3. 相关性：每个场景都应该与决策相关。场景应有助于思考潜在的决策和行动。

4. 真实性：不符合事实的地方需要加以改正。

◁ 总结和影响 ▷

当然，各种未来研究流派、咨询公司和独立的场景顾问也会使用其他方法构建场景。其中一些依赖计算机模型和贝叶斯统计分析，这在本章中没有涉及。回顾所有场景构建方法并不现实，本章的重点仅在于强调实践领域中较为流行的场景构建方法，并阐明不同学派、哲学、传统和实践给场景构建方式带来的显著差异。此外，本章还介绍了一些场景规划中直觉主义逻辑学派的方法，虽然我已经介绍了3种非直觉主义逻辑学派的方法，但这并不是全部。任何研究场景规划的学者都可以探索到不同的方法。

本章的意图显而易见。构建场景有不同的方法，有些提供了广泛的自由和选择，有些坚持2×2矩阵法或对其稍加修改，还有些方法非常独特，一开始就有不同的基础、不同的目标。场景规划专家有诸多选择，应用这些方法所需的专业知识和经验也不尽相同，在选择过程中应将专业知识和经验考虑进去。读完这本书后，你可能会对不同的场景应用方法有更深入的理解，并有能力做出更加正确的选择。

要想有更多的自由和灵活性，就需要具备丰富的经验，以便应对过程中遇到的诸多选择。使用何种方法构建场景并不重要，这是你在阅读本书前应该明白的事情。本书的内容、目的并不全面，许多思考场景的不同方式都没有提及，本书的真正目的在于回顾最新、最相关、最有影响力的场景构建方法。

对场景规划者来说，真正的压力来自这样一种期望：场景的使用方式将直接关系到组织的利益。好的场景规划依赖于明确的目的、合适的场景构建方法、有能力或专业极强的场景主理人、为实现目标而使用场景。第二部分是从拥有场景到使用场景的过渡部分，接下来的几章将简要介绍7种不同的场景应用方法。

应用场景的
具体方式

PART 2

USING
SCENARIOS

第**4**章

应用场景的 7 种方法

为解决目前"场景应用指导匮乏"的问题，本章将详细介绍7种应用场景的方法。

1. 将场景与目的联系起来。

2. 制定战略。

3. 场景下的风洞策略。

4. 用场景测试决策和选择。

5. 评估场景的经济效益。

6. 用场景模拟财务状况。

7. 开发场景信号和关键不确定性。

这些场景应用方法可以独立存在，也可以自由组合。本书鼓励结合具体情况进行应用和练习，不要强行将具体情况与本书中的内容相对应，而应对书中章节、意见和建议适当变通，以实现场景利用的最大化。你可以将本书内容视为应用场景的标准方式，其中一些方法、练习和介绍可能正是你所需要的，也有些内容可能与你没什么关系，关键是你要从书中获取自己所需内容。本书提供的建议以笔者20多年的研究、应用为基础，经过反复尝试和改进，最终得以形成。如果你想要达到的目标与书中描述的一致，这些方法就正好适用。但需要注意的是，实践和应用并不简单，你应该适时对方法做出调整，发挥创意以满足需求。本书提供了这7种场景应用方式的模板。

◁ 1. 将场景与其初始目的联系起来 ▷

不同场景是为不同目的而开发的。我们可以利用场景来思考行业或世界将会如何发生改变。此外，场景还可以用来评估某一具体决定。第5章强调了每个场景项目都是由目标开始的。但这一目标往往不明确，这样会导致场景工作存在模糊性。因此，一开始就明确目标至关重要，这样一来，在实践过程中就可以适时调整预期目标，确保在场景工作中抓住重点。很少有项目在一开始就有明确的目标，真正考虑应当如何使用场景往往是在完成一组场景后。第5章介绍不同场景目标，提供具体建议，指导你在一开始缺乏明确目标的情况下进入正轨。

◁　2. 制定战略　▷

第6章重点讨论了如何制定高级别战略，以便在应用场景情况下适时地采取行动。其中包括3种场景应用方式：通用策略；机遇与威胁；适应、缓解与繁荣。它们简单但不具体，对许多决策者来说，其本身就可以为场景的创建带来价值。此外，尽管还需要斟酌细节，但这类实践有助于开拓思维，思考什么可以成为战略。需要注意的是，这类实践意在为具备场景、想要探索未来的人提供便利，而非将其束缚住。实践结果可以作为后几章的例子，对理论进行解释说明。

◁　3. 场景下的风洞策略　▷

第7章介绍了如何利用场景制订战略计划，并对其进行测试。可以将第6章的结果作为第7章的实例，也可以使用现有的战略计划。大多数战略计划都含糊不清、不够具体，细节是战略（如第6章所述）与具体战略计划间的最大区别。要制订战略计划，行动必须具体，以行动为导向，此外，还需要厘清细节，包括范围、计划、预算和时间安排。第7章介绍如何将想法转化为实用、有用且适用的战略计划。

第二部分 ◀
应用场景的具体方式

第7章的后半部分内容主要阐述了如何对战略计划进行"风洞测试"或压力测试。测试的关键在于检查这些策略是否会失败、如何失败、在何处失败。经历过第7章的实践，你将得到与每一场景相对应的特定策略，以及更精简的策略集——不管现实中出现什么场景，这些策略都可以促进组织的发展。

◁ 4. 用场景测试决策和选择 ▷

具体来说，有时候同一关键决策可能会有多种选择。第8章介绍了如何利用场景来评估相关的潜在收益和风险，可以将其想象成更具体的风洞测试。针对重要的短期决策面临高度的不确定性，这类场景应用最为适用。根据具体情况及对决策和相关选择的描述，我在第8章中提供了两个示例。这是一次具体的实践，它要求明确定义决策，并具有多个可比选项。

◁ 5. 评估场景的经济效益 ▷

场景规划通常不涉及对项目或公司经济效益的评估或估算，这也就解释了为什么大多数公司没有全面、长期采用这种方法。第9章意在介绍两种认识、估算场景工作经济效益的方法。当被视为类似领导力发展或培训一类的项目干预时，场景规划的结果就可以被量化和估算，甚至转化为经济收益或损失。第9章介绍了评估场景实践效用需要解决的两个问题：最初的场景规划干预本身是否值得花费时间、投资和其他资源？场景规划工作是否会促使后来的决策产生经济利益？这些问题在长期和短期项目上均有体现，对此，我提供了两种应对策略。

◁ 6. 用场景模拟财务状况 ▷

要想利用场景模拟财务状况，需要在战略规划、场景规划和财务部门之间建立联系（见第10章）。只有这样，公司才能真正从场景规划中受益。需要注意的是，场景规划是从战略层面进行干预，其效用往往不会立刻显现，关键是要让财务团队参与进来，充分考虑每个场景对公司整体财务业绩的影响。每家公司在财务建模方面各有不同，但仍有一些共同的基本要素需要考虑。商业模式的常见要素包括损益表、资产负债表和现金流量表。这类分析一般篇幅都比较长，第10章介绍了一种简化的方法，能够根据场景分析总体的财务影响。通过创造性思维，场景有助于分析整体的组织定位及其如何利用场景假设做出改变。

◁ 7. 开发场景信号和关键不确定性 ▷

信号是场景中有用却经常被忽视的元素之一。信号应具有强制性，虽然并不一定是使用场景的特定方式，但却对保持场景活力至关重要。有了信号，场景才能在现实中得以应用。它们通常被写成类似报纸的标题或简短的片段，在你最喜欢的新闻频道底部滚动。将任何场景付诸实践都需要特定的事件，提前明确这类事件有利无弊。随着时间的推移，该活动会与外部环境形成一个反馈循环。虽然我们的目标不在于让场景"正确地把握未来"，但世界将逐渐朝单一场景的方向发展。不过，其中几乎总是混杂着不同的场景。

在特定情况下，关键不确定性是有用的。例如，最近的新冠肺炎疫情产生了一系列周期短、不确定性强的变量。例如，疫情将持续多久？病例是会增加还是减少？

目前为这一危机设定的场景效用不大。场景的主要作用在于预测下一次危机。但在短期内，在新冠肺炎疫情的大环境中，确实存在大量的关键不确定性因素。在这种情况下，放弃场景、罗列关键不确定性可能有一定的效果，这种方法很简单，可以在短期内对其发展状况进行追踪，同时还能有效对形势进行评估。

第11章除阐述以上内容，还介绍了具体的方法，这些方法可以算得上最实用的场景应用方法，其效用不应被忽视。

◁ 一体化模式 ▷

前文所述的方法既可以单独使用，也可任意组合使用。某些方法的输出可以是其他方法的逻辑输入，这完全取决于开发场景的目的、检验和测试各种组织决策和问题所需的详细程度。图4.1

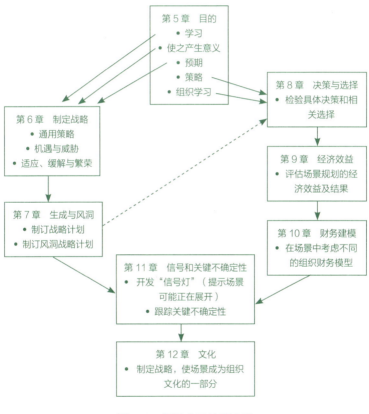

图 4.1 场景应用的总流程

展示了场景应用的总流程，以及如何在长期场景的使用过程中组合应用这些方法。

◁　**总结**　▷

　　第二部分这几章的内容是全书的重点，意在避免战略规划、场景规划中出现不完善的实践。这些方法有其效用，关键是要理解出现的问题并对症下药。根据具体情况，你可以单独吸收这些章节，也可合并学习。换句话说，可以使用、调整、修改或组合以上所有活动，便于场景应用。希望通过我的努力，场景能得以在实际中应用起来，而不再局限于"有趣的思维练习"层面。

第**5**章

将场景与其初始目的联系起来

场景规划应该有目的。这种目的可以是概括性的，可以是具体的，也可以是介于两者之间的。有些场景意在鼓励创造性思维，引发人们对未来的思考；其他场景则专注于特定的情况或决策。在场景规划中，未能在一开始就明确目标的情况很常见。然而，预期目标直接影响如何使用场景。大多数公开可用的场景都没有明确的项目目标，在许多场景中，目标是否得以实现甚至都没有定论。

例如，壳牌石油公司在官方网站上公开其场景，以"山脉""海洋""天空"命名，实为对能源行业的探索。这类场景在本质上具有全球性，覆盖面十分广泛。虽未明说，但其目的在于鼓励人们学习、了解能源行业，探究整个行业是如何以人们意想不到的方式发展和改变的。壳牌石油公司还拥有许多规模较小、更为集中的场景，但并不对外公开。这些场景概述了世界各地的情况、具体的勘探和开发项目、投资决策、组织运营等诸多细节。这类场景属于决策场景，意在为领导者决策提供信息。

离开有效性，场景的应用就无从谈起。在场景工作开始前明确目的和意图至关重要。明确目标有助于保证项目正常运行，为场景应用巩固基础、评估效用，并对预期适时调整。但这一做法并不常见。即便在一开始没有明确目的，反思项目的初始原因也很重要。你取得了什么成就？是否有重要的见解？是否能另辟蹊径，了解外部环境？场景是否有助于你做决策？结果如何？

本章介绍了场景规划的几种目的，阐明了设计、应用场景的必要性。诚然，有些领导只是想利用场景来验证想法——我们没有想到的是什么？还有一些人想利用场景验证某一投资决策是否科学合理，并考虑其影响。这两类目的完全不同。迄今为止，对那些想要应用场景的人来说，还没有文字明确、切实地对这些目的进行过概述。

◁ 学习场景和决策场景 ▷

场景一般可以分为两类：学习场景和决策场景，区别在于初始目的不同：一个是学习，另一个是做决定。

瓦克曾言："场景探索事实，但它们针对的是关键决策者头脑中的认知，意在收集、转换具有潜在战略意义的信息，将其转化为新的认知，进而形成开创性战略见解，原来决策者可能对这种见解想都没想过。"在应用、改进、发展场景方面，壳牌石油公司声名在外、经验丰富，可以提供重要的参考。

学习场景

在壳牌石油公司早期的场景开发过程中，团队从更高层次的、全球性的学习场景开始，探讨行业如何以意想不到的方式发生变化。早期的场景为我们提供了更广阔的视角，认为场景过程包括反思已有假设，以此扩展思维。简单来说，学习场景的应用不在于采取行动，而在于培养学习、洞察的能力。这些场景促使人们更多地关注未来，通常会持续很长时间（有时是20~50年），属于长期规划的重要组成部分。然而，这些场景并非以行动为导向，项目发起人难免会有一种无所谓的感觉。因此，本章的目的逐渐清晰起来。明确并准确理解场景工作的目的及其使用方法，这极为重要。有时候，我们会想一些不可思议的事情，这时简单地问一句"如果……会怎么样"或尝试揭露内心想法或假设，就是对场景恰当而有力的运用。

决策场景

几年后，壳牌石油公司的场景团队意识到还有一种更专注于场景的方法，即决策场景。这种场景的目的更为具体——告知特定的决策。例如，是否在西伯利亚海岸附近钻探？是否停止购买油轮？这些具体项目要求场景更多地关注问题本身，以此测试短期内某一特定决策和投资在不同情况下会如何发挥作用。事实上，壳牌石油公司的场景团队创建了一系列场景，其中学习场景属于行业层面的观点，特定决策场景主要解决区域、决策层面的问题。

比喻

照相机镜头是个恰当的类比对象。学习场景就像照相机的全景功能——你可以看到一个广阔的场景，但缺失细节。决策场景就像照相机的特写功能，显示了所有细节，但背景往往是模糊的。全景与特写之间的拍摄可以通过变焦来实现。这是一种困难的、特定的场景工作，无论如何变焦，摄影师的拍摄总有特定目的，这一点和场景如出一辙。

◁ 范德海登的场景目的分类 ▷

对场景目的来说，还有另一种分类方法，这种分类观点更新颖、细节更翔实。在2004年一篇原创论文中，范德海登介绍了场景规划目的的具体分类方法（图5.1）。通过比较内容与过程、思维与行动的差异，范德海登总结了场景目的的四种思维方式。

范德海登是皮埃尔·瓦克在壳牌石油公司的继任者。事实上，在瓦克的指导下，有几年的时间他都在记录瓦克20年来的工作成果。1989—1991年，范德海登继续领导场景团队。他对场景规划做出了巨大贡献，撰写了几本书和一系列文章。

在这里，我要对图5.1进行解释说明。范德海登使用的两个轴分别是内容与过程、思维与行动。在考虑场景规划时，这些区别各有其效用。究竟是要以不同方式思考问题，还是做出决定并采取

	内容 一次性	过程 持续性
思维 开放	有意义	预期
行动 保守	最优策略	适应性学习

图 5.1　范德海登的场景目的分类

行动？这项工作是特定、单一的应用吗？是否意在让场景思考成为组织决策的一部分？一开始，这些都是场景规划的重要方面。

利用矩阵的形式将场景目的的两大方面结合起来，就能够对场景工作适时地调整。因此，思考一下矩阵的每一个象限都是很有帮助的。

一次性内容＋开放思维：有意义

这类场景工作的重点在于理解环境中难懂的趋势。外部环境的某些方面通常需要更详细的研究，以加深理解。2020年3月至6月，互联网上出现的一系列新冠肺炎疫情场景就是一个很好的例子。场景目标在于加深对环境、动态的了解。许多场景项目，包括区域经济效益、大体气候环境、特定区域的个体流动及其他大体趋势等都属于这一类。

绝大多数的场景工作也属于这一类。决策者往往想获得一个快速的解决方案，这一点在新冠肺炎疫情的大背景下表现得最为明显。当时，决策者为预测病毒在短期内可能的演变方式，开展了广泛的场景工作。

决策者希望通过新流程解决眼前的问题，但这个时候往往为时已晚。许多场景工作都以失败告终，这就是此类场景的危险所在。厘清目标可以明确预期结果，确保参与者和利益相关者在目标问题上达成一致。

究竟应该如何去做？本章就这一问题展开讨论，以证明场景工作中目标的重要性。我们可以从有场景工作经验的组织，如壳牌石油公司、英美资源集团、通用电气公司等学到很多东西。例如，很少有一次性场景实践就能成功解决眼下问题的情况，因为这类实践往往缺乏对未来持续的前瞻性思考。

持续性过程＋开放思维：预期

在没有具体决定或计划的情况下，大量的场景用于创建持续的创造性思维论坛。在许多情况下，其目的在于就外部商业环境变化达成共识。范德海登的场景目的分类中的这一象限被称为"预期"，持续应用场景进行监测，就能够比竞争对手更快做出反应。但有一个前提，即必须保证场景的持续性和制度化。

为实现这一点，应将场景作为年度战略规划、年度业务规划的一部分，并在重大投资决策中使用场景。但稍有不足，人们就会忽视外部环境，在壳牌石油公司，负责预算的经理需要利用场景来证明其投资决策的合理性。将场景作为组织决策过程的一部分对于场景制度化至关重要。范德海登表示，不间断的场景规划案例显示了整个组织平衡碎片化战略和群体思维的能力。换句话说，将场景嵌入标准的组织过程中能够解决组织战略中的常见问题。

信号有时也被称为标识，在这一类别中尤为重要，展开任何场景都需要有信号。如果做得好，信号有助于场景用户跟踪外部环境变化。随着时间推移，信号能将整个世界对应到某一种特定场景中。后文将有一个章节来详细介绍信号并提供完整的指导。

一次性内容＋保守行动：最优策略

在范德海登的场景目的分类图中，左下象限为"最优策略"，意在制定一个特定的首选策略。这可能是场景规划中最常见的初始目的，即决策者希望在特定环境中，特定策略能有帮助。但要注意的是，尝试新过程、新方法以发挥其效用或在高风险情况下缓解决策压力，这些都是容易失败的地方。诚然，在某些情况下，上述举措有其效用（稍后会详细介绍），但最常见的错误是在没有明确目标的情况下"尝试"场景规划。很少有场景规划实例能产生真正有洞察力的战略选择，"一般来说，我们得出的结论是，以特定最优策略为目标的独立场景项目很难取得成功"。

持续性过程＋保守行动：适应性学习

这类场景工作的重点是将持续性场景应用作为更大战略系统的一部分，其目标是从事基于行动的持续性组织学习。在这类情况下，场景的设计是为了激发行动，如新行动、新市场和新的伙伴关系。前述的目标都可以视为实现这一最终目标的步骤。合理应用场景，才能适时采取行动，并将行动结果纳入持续性组织学习的反馈循环。

◁ **焦点问题** ▷

场景工作总是需要一个起点。场景聚焦于外部环境，因此其焦点问题必然具有一般性，焦点问题应关注环境变化。要记住，场景必须以新的、积极的方式描述外部世界。关键是要意识到，尽管项目目标和焦点问题密切相关，但两者并不完全相同。标准场景的焦点问题如下所示：某组织的外部环境在未来几年内将如何发展变化？

在一开始，明确场景工作的目的至关重要。在项目的开始阶段，我们就应该弄明白"我们打算如何使用这些场景""我们希望从这个过程中得到什么"，这一点与其他组织资源的投入别无二致。如果不加以重视，场景过程就不太可能产生有用的结果。即使只对目标和预期有模糊概念，也很容易发现理想与现实的差距，这一点常常被忽视。因此，在完成场景构建时考虑（或重新考虑）目标就成了整个场景过程的另一要点。

研讨会形式和指南：确定、阐明场景目的

时间：2 小时。

参与人数：5~15 人。

假设：你有一组场景，不确定是否已有目标。

研讨会形式：无论在场景工作开始时是否已有明确目标，该活动都迫使人们就场景开发的原因及目的展开讨论。组建场景团队并考虑以下几点。

- 如果初始目的是为开发场景，我们是否已经实现？

- 如果没有初始目的，我们现在想要如何处理这些场景？

从瓦克的学习场景、决策场景开始讨论可能会有帮助。哪个类别属于应用场景的目的？再具体一点，可以参考范德海登对目标的分类：目标是为了了解不确定的情况吗？目标能够预测环境中的变化吗？目标能为战略制定提供直接投入吗？目标是创建或维持一个适应性的组织学习系统吗？

- 这次实践可以是一个简单的对话，但需要记录下来。

- 应汇编、分发和传阅会议记录，并请团队成员提供其他意见。

- 根据结果总结所学内容，思考本书中的具体方法，以期达成预期效果。

◁ 总结 ▷

研讨会活动有助于明确、理解场景实践的目的。在开发场景上花费了时间和精力之后，重新审视其背后的原因至关重要。大多数场景规划实践一开始没有明确目标，因此，现在正是停下脚步、深入思考结果和预期的好时机。本章提供的建议可以指导你和团队在接下来的章节中开展其他活动。

本章重点在于强调场景需要一个目的、意图和理由，这一目的应该在项目开始就说清楚，但这在实际上基本不可能实现。在这类情况下，反思"为什么我们决定先开发场景"这一问题极有效用。然后再问问自己"我们从这项工作中得到了什么"，即便是回顾过去，也可以问一问"我们学到了什么新东西""是否已经做出选择""这些场景对决策有帮助吗"。既然开发了场景，就应该重新考虑如何使用它们，以及哪种策略对实现初始目的最有意义。希望读者将本章作为起点，以此理解场景应用的方法及目的。

第**6**章
制定战略

场景强调外部环境的变化。一旦构建好场景，下一目标就是思考如何利用这种变化。使用什么流程、方法来开发场景并不重要。场景可以用于探索未来和新的可能性。在这种情况下，具体的决定通常不会直接摆在桌面上。场景目标用于确定不同的思维方式和潜在选择，这些是在构建场景之前没有看到的。第一种思路是应用场景，以此确定每个场景通用的高级策略；第二种思路是考虑每一个场景中的机遇与挑战；第三种思路是思考如何适应每一种情况、如何减轻其潜在的负面影响，以及如何在不确定的未来茁壮成长。挑战在于找到在各种条件下都能成功的策略。

本章介绍了3种应用场景制定战略的方法：通用策略；机遇与威胁；适应、缓解与繁荣。这3种活动有助于决策者为可能的行动方案、行动时间做好准备。本章中的实践相对简单，通常用于发起战略性对话。当场景旨在理解外部环境时，这类实践就能发挥其效用。对那些已开发场景的人来说，本章是一个很好的起点，他们只是想利用场景来思考未来、考虑场景如何改变他们对未来的理解。这里的场景与探索及学习有关，而非决策。

这类实践有一个前提，即决策者尚未做出决策与选择。他们希望利用这些场景探索未来、思考哪些方面可能会发生改变，其目的是从场景构建工作中开拓思维，以此来形成新想法、新策略。这类实践可以按顺序进行，也可以根据实际情况进行任意组合，然后推进。

◁ **通用策略** ▷

应用场景最简单的方法就是考虑每个场景下有哪些通用策略。这里存在一个基本问题，即如果我们知道这个场景将成为现实，现在会做什么？无论有多少场景，这个问题都会重复出现，场景参与者需要对此加以考虑。关键是不要考虑得过于详细，本书后面的章节中有更详细的场景应用方法。相反，我们应该从宏观层次上思考这些场景对组织可能意味着什么。尽管还在场景范围内，但这更像一种头脑风暴活动。

该方法可以直接应用于2×2矩阵法（如果场景构建过程中使用了矩阵的话）或其他场景结构（图6.1）。

如果场景构建过程中没有使用2×2矩阵法，则可以将模板修改为表6.1的格式。

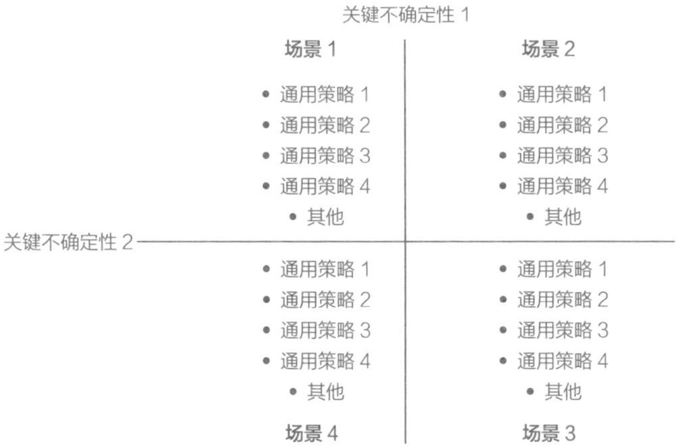

关键不确定性 1

	场景 1	场景 2

- 通用策略 1   • 通用策略 1
- 通用策略 2   • 通用策略 2
- 通用策略 3   • 通用策略 3
- 通用策略 4   • 通用策略 4
  • 其他   • 其他

关键不确定性 2 —————————————

- 通用策略 1   • 通用策略 1
- 通用策略 2   • 通用策略 2
- 通用策略 3   • 通用策略 3
- 通用策略 4   • 通用策略 4
  • 其他   • 其他

场景 4   场景 3

图 6.1　场景和通用策略模板

表 6.1　修改场景和通用策略模板

	场景 1	场景 2	场景 3
策略	通用策略	通用策略	通用策略
	通用策略	通用策略	通用策略
	其他	其他	其他

美国鱼类及野生动植物管理局

美国鱼类及野生动植物管理局的场景规划项目关注该机构如何管理公众对野生动物的看法及相关影响。美国各地从事狩猎和捕鱼的人数逐渐减少，作为管理局的重要收入来源，狩猎许可证、捕捞许可证无疑正逐渐减少。管理局应用场景规划意在了解未来行业环境将如何变化。当时管理局建立了四个场景，要求参与者浏览场景1，对机构在该场景中采取的通用策略做出评论。同样的流程在其他三大场景中共重复了3次。表6.2为管理局的通用策略实践实例。

该实践为管理局提供了针对每种场景的通用策略，并判定是否存在对整个场景都有帮助的高级战略。下面是有关通用策略的具体讨论结果，意在提供丰富的细节，以便更好地应用。

研讨会形式和指南：通用策略

时间：2 小时。

参与者：5~15 人。

假设：你有 1 组场景。

研讨会形式：本次研讨会旨在为每个场景创建高水平的潜在通用策略。

说明：

- 参与者阅读场景 1，然后单独考虑一个问题：如果知道这个场景会成为现实，我们现在应该怎么办？

- 主持人在白板、投影屏幕、线上平台或其他平台上记录每个参与者提出的通用策略。

- 参与者讨论通用策略并就此进行辩论。

表 6.2　鱼类和野生动物机构通用策略

社会价值——互惠共生

- 提供技术援助，改善城市地区及附近栖息地的生态环境。
- 开发时注重对野生动物栖息地的保护。
- 取消城区、郊区的野生动物观光项目。
- 与商业、科学中心、动物园展开合作。
- 以新居民为目标，在其附近开展项目、活动。
- 提供观赏野生动物的探险活动。
- 利用生态走廊打造城市人居空间。
- 重新优先关注城市栖息地。
- 增加新的收入来源，例如，可口可乐利用野生动物空间向鱼类和野生动物部门收取特许权使用费。
- 鱼类和野生动物机构提供交通工具，将城市居民带到"大自然"（鱼类和野生动物机构辖区）。
- 聘用生物学家为自然向导，可以收取体验费。

- 考虑捕杀鹿、麋鹿，以避免鹿、麋鹿和食肉动物的数量波动或疾病传播。
- 工作人员转到人畜共患病部门。
- 发布紧急声明，筹集资金。
- 加速海草的复原，利用巨藻储存碳（数量应在生态系统中权衡）。
- 监测食物网和酸化的程度，以此识别风险区域。
- 与公立学校负责人合作，将濒危野生动物教育纳入学校课程。
- 提高健康检测的频率。
- 与健康和食品行业合作。
- 疾病缓解和应急管理。
- 加强应急管理。
- 利用科学对疾病数据进行统计分析，以此帮助动植物适应酸化。
- 是否有办法能够保护濒危物种免受自然灾害。

城市栖息地	野外栖息地
• 绿色能源开发规范和减排措施。 • 与牧场、农场社区合作，保护本地栖息地。 • 完善应急管理流程。 • 与科技公司合作，围绕太阳能和野生动物间的冲突进行协调。 • 围绕牧场和农业实践，开展更多的宣传和教育活动。 • 按照实际情况，进一步传递信息。 • 除了保护灌木草原的激励措施，与农民合作，开展有助于保护野生动物的实践活动。 • 投资建设社区花园。 • 鼓励城市地区的太阳能开发。 • 保护野生动物的同时大力开发太阳能。	• 以社区为基础，设立奖励机制，进一步实现人与自然的和谐相处。 • 努力减少气候对人类和野生动物的影响。 • 与公共教育监督办公室合作。 • 野生动物共存纳入学校课程。 • 利用社区项目，倡导监管可再生能源的同时保护鱼类和野生动物。 • 鉴于水供应不足，重新考虑水力蓄能的积极影响。 • 明确绿色能源的成本和影响，使绿色能源更加环保。 • 在观察野生动物和与野生动物共存的过程中负起责任，利用保护队为其提供服务。 • 学习如何为鱼类生产、健康和公共教育更好地循环利用水资源。

社会价值——差异

- 在每个场景都重复此过程。

- 为所有场景生成通用策略后，合并重复的内容。

- 着重为每个场景制定策略，找到所有场景都适用的通用策略。

结果：

- 找到每一场景特定的通用策略。

- 找到各场景都适用的通用策略。

◁ 机遇与威胁 ▷

使用场景思考策略还有一种简单的方法，即让团队考虑每个场景的机遇与威胁。这一方法有助于团队更全面、更严谨地思考，意在让团队想清楚如何利用机遇，如何应对、避免威胁。

这一方法的出发点在于，意识到每个场景的机遇与威胁都是独一无二的。场景团队应该具备必要的专业知识来对此加以了解、甄别，还要有相应的策略，能够利用机遇并规避威胁。表6.3中的模板展示了这种方法的结构。

表6.3 关于机遇与威胁的模板

场景	机遇	策略	威胁	策略
场景 1				
场景 2				
场景 3				
场景 4				

美国医疗保健公司

美国医疗保健公司的一个场景项目专注于性质、人口、疾病的变化和其他对行业、业务组合有极大影响力的不确定性因素。所构建的场景旨在让领导者开拓思维，以此应对新兴外部环境中的重大机遇和威胁。一旦场景工作完成，领导团队将利用机遇与威胁研讨会进行指导，结果如表6.4所示。

该场景工作旨在甄别、介绍每个场景所包含的主要机遇与威胁，以及针对这些机遇与威胁采取的措施。

研讨会形式和指南：机遇与威胁

时间：3小时。

参与者：5~15人。

假设：你有1组场景。

研讨会形式：本次研讨会旨在确定主要的机遇与威胁，以及每个场景相应的潜在战略。

说明：

- 参与者阅读场景1，并单独思考两个问题：场景中包含的主要机遇与威胁分别是什么？我们如何利用这些机遇，如何减少或消除这些威胁？

- 参与者在表6.3提供的模板上做出回答，完成后汇报其观点。

- 主持人在白板、投影屏幕、线上平台或其他平台上记录每个参与者罗列的机遇和威胁。

- 主持人指出利用机遇、减少威胁的建议策略。

- 参与者讨论成果并进行辩论。

表 6.4 美国医疗保健公司机遇与威胁示例

场景	机遇	策略	威胁	策略
场景 1	迫切需要医疗支持，但政府机构限制发展。治疗德症、失明、肥胖症。	游说工作——着重关注我们与州政府的关系。跟踪这些领域的发展，走在策略前沿。	与更大的全球问题相比，医疗保健处于次要地位。政治动荡和动乱。富人和穷人之间的主要分歧。	现在正处于萧条时期，要专注于提高内部效率。考虑如何削减成本，使药物和手术更经济实惠。
场景 2	个人技术进步。可支配收入和对医疗保健的关注。	提高对科技的了解，增加对科技的投资。考虑一些价格昂贵，但人们尚可负担起的创新项目和产品。	访问系统过于复杂。报销功能失调。监管机构加强审查。	简化访问系统。我们是否可以参与、无视报销流程？
场景 3	许多潜在疾病进一步发展。医疗技术取得了巨大进步。	流程中的许多创新都有助于继续保持，增加我们对医疗技术的投资——我们已经处于创新的边缘。	经济、环境危机导致移民问题产生。疾病迅速传播。经济崩溃，构成了真正的威胁。	如何找到低成本解决方案？跟踪移民，将精力集中在某些州和地区。
场景 4	利用社交媒体告知、说服消费者。开创用药物治疗糖尿病的先河。	我们有社交媒体吗？我们可能应该采取一些措施。加强对糖尿病的研究，开发相关产品。目前已取得一定进度，但这种场景预示着真正的机遇。	二分法：经济复苏但消费者焦虑。经济繁荣发展，导致行业大幅放松管制。	营销，获得公众的信任至关重要。创新和高成本产品将不再遥不可及、当然，这一点只针对少数人。我们的道德准则是什么？

- 对每个场景重复此过程。

- 当完成所有场景的流程后，合并重复内容。

- 找到利用机遇、消除威胁的共同策略。

结果：

- 特定场景的机遇与威胁。

- 在特定场景下如何利用机遇、消除威胁。

- 不同场景中常见的机遇与威胁。

- 在不同场景中如何利用机遇、消除威胁。

◁ 适应、缓解与繁荣 ▷

尽管目标不同，这种方法和机遇与威胁研讨会的总体思路大致相同。

1. 确定组织如何适应每个场景（在组织结构、供应链、文化、产品和服务方面需要如何变化）。

2. 确定组织如何减轻每个场景的负面影响（可以采取什么行动）。

3. 确定组织在每个场景环境中繁荣发展所需要的条件（表6.5）。

表 6.5　场景"适应、缓解与繁荣"模板

场景	适应	缓解	繁荣
场景 1			
场景 2			
场景 3			
场景 4			

线上大学

在美国西部的一所公立大学里，线上教育越来越受追捧。基于此，与在线大学合作的场景工作应运而生。当时，在线课程和学位数量日益增加。人们的关注点在于其增速究竟有多快。4个场景得以建立，参与者需要说明如何适应场景、缓解场景中的问题，以及如何在场景中繁荣发展。其他3个场景也重复这一过程。汇编结果如表6.6所示。

> ### 研讨会形式和指南：适应、缓解与繁荣
>
> **时间**：3 小时。
>
> **参与者**：5~15 人。
>
> **假设**：你有 1 组场景。

> **研讨会形式**：本次研讨会旨在确定组织适应每个场景、缓解场景中的问题并在场景中繁荣发展的潜在方式。
>
> **说明：**
>
> - 参与者阅读场景 1，并单独思考以下问题：我们如何适应场景？如何解决场景中的问题？如何在场景中繁荣发展？
> - 参与者将答案记录下来。
> - 主持人在白板、投影屏幕、线上平台或其他平台上分类记录回答结果。

表 6.6　线上大学的"适应、缓解与繁荣"策略

场景	适应	缓解	繁荣
单速自行车场景	加入教师委员会、大学课程委员会。 在金钱方面要透明——明智地投资大学服务。 定义每个单元、项目的成功。 确定成功的目标，明白大学什么时候会提供帮助或设置阻碍。 阐明继续教育对社会的价值。 明确我们擅长什么，不管支持与否，都能脱颖而出。	优先考虑沟通和理解，而不仅限于人际关系。 坚守品质。 宣传要注意受众。 内部营销——讲述我们的故事。 充分参与外部合作伙伴关系。 落实、明确我们在建立关系中的角色。 保持与增长相辅相成。	继续投资在线转换（适度）。 在全校范围内营销可能需要线上授课的课程——我们可以提供的服务。

场景	适应	缓解	繁荣
巡洋舰自行车场景	我们如何合作资助师资队伍，以此来增加供应，提升能力。 我们可以利用质量的优势，决定是否追求更大的增长。 严谨的教学方法和服务创新。 建立良好的全国声誉。 选择几个支持增长的部门，并将资源集中于此。 咨询并销售与质量、技术相关的知识和经验来扩大业务，以此吸引更多创新型员工。 选择几个支持增长的部门，并将资源集中于此。	注意我们消费的本质。 向大学领导和利益相关者阐明继续教育学部的角色和价值。 优先进行内部沟通，确保没有混淆目标和愿景。 为员工保留成长和发展的机会，以此挽留员工。 通过社会参与，提高公众的关注度。 向大学领导和利益相关者阐明继续教育学部的作用和价值。 如果创新不是驱动力，那就专注于我们的伙伴关系和自身价值。 专注于方法和服务，而不是技术创新。	尽我们所能推进教师招聘工作。 开设优质线上课程（由终身教职教师设置）。
佳能戴尔自行车场景	内部角色与沟通。 需要为基础设施、交叉培训提供资源。 保留计划。 监控数据和质量。 参与所有部门会议——项目团队了解部门所有事宜。 大型团队、组织结构需要紧密——4 个层次。 内部角色与沟通。 提倡优质的客户服务和项目开发、管理。 定义居民教学成功及其与继续教育部门成功的关系。	这种情况带来的挑战很容易克服。 在员工、招聘、领导和人力资源开发方面投资。 投资于优质的客户服务。	开发项目——积极寻找想要在线展示的项目。 支持在全校范围内进行市场营销，以便找到合适的项目。

场景	适应	缓解	繁荣
香蕉型座椅自行车场景	重建、重组，将重点重新放在几个项目上。 优先致力于项目发展和质量。 注重外部声誉和质量。 证明团队优于个人（品质无法保障）。 围绕学生和课程成绩，有针对性地制定策略。 明确除点名，我们还能提供什么服务。 维护客户体验声明的核心价值。	让管理层看到我们的成果，利用数据推动决策。 即使资金充足，也要谨慎支出。 让学生，而非供应商成为客户。	选择适合在线转型的精品项目。 关注特定课程的学生——他们想要什么。

- 参与者讨论成果并进行辩论。

- 在每个场景中重复此流程。

- 当所有场景的流程完成后，合并重复内容。

- 确定每一场景下的具体行动，分析不同场景的共同点。

结果：

- 适应每种场景的策略。

- 在每种场景中减少挑战的策略。

- 每种场景下的繁荣策略。

- 不同场景中常见的适应、缓解与繁荣策略。

◁ 总结 ▷

　　本章中介绍的实践都是定量的，旨在以此开启场景应用，属于使用场景的第一步。这类实践较为简单，无须具体的绩效、财务评估，可在短时间内完成。尽管简单，但若完全不使用场景，或没有具体指导的话，这些实践就会变得很复杂。在没有明确的方向、决策、选择时，这些方法会很有效。这类实践有助于拓展思路，进一步整合场景和战略。此外，实践成果侧重于利用场景来学习、理解外部环境。后面的章节会进一步对其进行分析。第7章将向你展示如何使用这些成果来制订战略计划并对其进行测试。

第**7**章

场景下的风洞策略

生成策略是使用场景的首个方法，也是最直观的方法。第6章介绍了3种生成策略的方法，下一步就是评估这些策略在特定场景、不同场景中的表现。本章旨在介绍风洞的概念，介绍如何使用风洞来测试策略。本章将通过场景介绍风洞策略的实例，并解释如何调整风洞策略的结果，使其更精确、详细地应用于战略规划。活动结果将帮助你制定一组在所有场景中都适用的策略，我将对其详细说明，以便应用。

◁ 风洞 ▷

风洞效应是指利用场景来测试策略或可能的行动。通常情况下，工程师制造新汽车或飞机后，会把其结构体放在风洞中，观察机翼在什么情况下开始脱落。这样做是为了确定气流，了解风洞中物体结构的完整性。这一概念和场景规划原理基本相同，只有一点差别，即运用的不是风洞结构，而是风洞理念。更进一步说，由于无法预测可能所处的环境，场景提供了多个风洞。场景不仅仅包含单个变量（比如风速），还允许在多种环境中测试潜在的想法和策略。

尽管现有的指导不够清晰，无法将风洞加以应用，但其他作者仍将风洞视为一种应用场景的方法。几乎任何事情都可以利用风洞策略，其大体的步骤基本一致。虽然本章尤为关注风洞策略，但你还可以通过风洞了解组织文化、员工能力和组织结构等。在场景构建的过程中，我们通常会提出一些问题，例如，在每一个场景下，我们需要什么样的组织文化？我们需要什么样的人力资源、专业知识和能力才能在这些场景中取得成功？在每一个场景下，我们需要什么样的组织结构来交付产品或提供服务？风洞法可以帮助我们以一种极富战略性的方式探索、回答这类问题。其目的是检验策略在未来各种环境中的表现。

用风洞法回顾场景1，着重关注场景动态变化，检验每个策略在该场景中的表现。在其他场景中也应重复相同的步骤。表7.1提供了一个通用的风洞模板。

表 7.1　通用的风洞模板

策略	场景 1	场景 2	场景 3	场景 4
策略 1				
策略 2				
策略 3				
……				

鱼类和野生动物机构

以鱼类和野生动物机构为例，进入风洞的过程如下。

- 使用第6章的通用策略研讨会。
- 阐明不同场景中的通用策略。

通用策略实践的结果如表6.2所示，位于场景矩阵中。记住，这些想法是参与者的答案。如果我们知道这个场景将成为现实，现在该怎么办？根据第6章的提示，应在4个场景中分别重复这一实践，结果策略参见表6.2。

矩阵中包含了太多策略，风洞法的下一步是将每个场景的想法整合，使之成为所有场景的共同点。换句话说，我们的目标是找到一套通用的、可管理的策略，这些策略适用于大多数甚至所有场景。在鱼类和野生动物机构的案例中，参与者被要求明确、整合想法，寻求不同场景中的通用策略。其中，最常见、最有益的战略如下。

1. 针对新（州）居民开展外联活动。

2. 探索、确定新的收入来源（税收、特许权使用费、体验费用）。

3. 巩固与公共、私营和非政府组织的伙伴关系。

4. 与教育部门合作，发展K-12野生动物课程。

5. 提供"观赏和体验"野生动物之旅。

6. 将鱼类和野生动物机构改为区域办事处。

7. 为加强应急管理规划开发、提供资源。

8. 让合作伙伴参与并推进关于风险生态系统的讨论。

9. 向气候变化分析设备、项目投资。

10. 修建水利基础设施。

该团队利用风洞法在不同场景中检验以上"十大策略"，旨在对其在单个场景内和不同场景中的表现进行总体评估。带有简短描述、颜色编码或符号的定性评估可用来表明该选择在场景中的效用（表7.2）。

表7.2 风洞法为鱼类和野生动物机构提供的通用策略

通用策略	华盛顿纪念碑场景	中央公园场景	约塞米蒂国家公园场景	迪纳利国家公园场景
针对新（州）居民开展外联活动	实用性高	实用性高	实用性中等	实用性高
探索、确定新的收入来源（税收、特许权使用费、体验费用）	实用性高	实用性高	实用性高	实用性高
巩固与公共、私营和非政府组织的伙伴关系	实用性低	实用性中等	实用性中等	实用性中等
与教育部门合作，发展K-12野生动物课程	实用性中等	实用性高	实用性低	实用性中等
提供"观赏和体验"野生动物之旅	实用性高	实用性高	实用性高	实用性高
将鱼类和野生动物机构改为区域办事处	实用性低	实用性低	实用性低	实用性低
为加强应急管理规划开发、提供资源	实用性高	实用性高	实用性高	实用性高
让合作伙伴参与并推进关于风险生态系统的讨论	实用性中等	实用性高	实用性中等	实用性中等
向气候变化分析设备、项目投资	实用性高	实用性低	实用性中等	实用性中等
修建水利基础设施	实用性低	实用性高	实用性低	实用性低

在这一案例的4种场景中，"十大策略"中有4种都被评为"实用性高"的核心策略：针对新（州）居民开展外联活动；探索、确定新的收入来源（税收、特许权使用费、体验费用）；提供"观赏和体验"野生动物之旅；为加强应急管理规划开发、提供资源。

再重申一次，这次实践旨在将少部分战略确定为行动基础。其余6种策略并非没有价值，但可能需要更详细的研究，也可能要取决于具体场景。本次实践可以帮助你缩小可管理、可实践的选择范围，同时，有助于你了解在不同场景中哪些策略更为适用。

研讨会形式和指南：风洞通用策略

时间：2~4 小时。

参与者：5~15 人。

假设：你有 1 组场景和 1 组通用策略。

研讨会形式：在现场、线上或其他会议地点召集决策团队，并使用以下说明。

说明：

- 回顾场景 1，了解其中包含的动态思维模式。

- 根据每个策略的一般执行情况，参与者分别考虑场景 1 中的不同策略。

- 继续辩论和对话，直到达成一致。

- 对其余场景重复该流程。

结果：

- 生成一组在各场景中均表现良好、便于管理的核心策略。

◁ 为战略计划调整风洞策略 ▷

正如在第2章中谈到的，战略计划通常是模糊的，难以实际操作。战略计划中的项目必须精确，必须着重关注范围、进度、所需预算及测量标准。至于什么是最有用的战略计划，众说纷纭。但实现目标有一个简单的方法，如下所示。

战略项目：

范围：

计划：

预算：

- 针对新（州）居民开展外联活动。

- 探索、确定新的收入来源（税收、特许权使用费、体验费用）。

- 提供"观赏和体验"野生动物之旅。

- 为加强应急管理规划开发、提供资源。

第二部分 ◀
应用场景的具体方式

为提高效用，需要根据其范围、进度和预算来确定通用策略。以鱼类和野生动物机构的4种风洞通用策略为例，结果如下。

战略项目1：通过个性化定制新居民名单、连接州资源数据库，针对新（州）居民开展外联活动。这将消耗营销团队大量的资源。

范围：在6个月内，利用州资源数据库建立10项联系或合作伙伴关系，以此跟踪新居民。

计划：一年内，让市场部将材料发送给所有新（州）居民（近12个月内的新居民）。

预算：将10%的预算用于营销团队开发新的营销材料，并将5%的预算用于在州系统内发展联系人。

战略项目2：探索、确定新的收入来源（税收、特许权使用费、体验费用）。

范围：6个月内，在税收、特许权使用费和体验费用类别中确定5个新的潜在收入来源。

计划：1年内，至少保证增加2个新的资金来源，且需占当前收入的20%以上。

预算：分配5%的预算来确保至少增加5个收入来源。

战略项目3：提供"观赏和体验"野生动物之旅。

范围：在6个月内提供5次"观赏和体验"野生动物之旅，机构员工在其中引导公众享受独特的野生动物之旅。

计划：1年内，每个季度至少提供10次野生动物之旅。

预算：分配10%的预算来确保至少增加5个收入来源。

战略项目4：为加强应急管理规划开发、提供资源。

范围：在6个月内，为医院工作人员提供2倍的个人防护设备；考虑到医院需求增加，制订相应的人员配备计划。

计划：在一年内，储备充足的个人防护装备，制订完善的人员配备计划，以应对重大灾难。

预算：分配10%的预算确保备灾所需的额外物资供应。

将范围、进度和预算要求附加到战略项目上会使其立即更具可操作性。

研讨会形式和指南：为战略规划调整风洞策略

时间：2~4 小时。

参与者：5~15 人。

假设：已得到第 6 章的结果（通用策略；机遇与威胁；适应、缓解与繁荣）。

研讨会形式：集合场景团队并收集策略。

说明：

- 使用第 6 章中任一实践的结果（通用策略；机遇与威胁；适应、缓解与繁荣），整合、明确适用于所有场景、实用性强的通用策略。

- 确定可管理的策略数量（建议 15 个及以下）。

- 利用风洞策略找到适用于一系列场景的实用策略。

- 明确每个项目的进度、范围和预算。

◁ **总 结** ▷

本章介绍了如何将场景作为风洞来测试策略，介绍了风洞法的概念，并给出了实例，以此展示如何在一组场景中采用策略，以便确定一组适用于所有场景的策略。本章的最后一部分介绍了如何使最终策略更精确、可衡量、可操作。利用这些流程和方法将场景与策略联系在一起，对推进这两个领域的发展至关重要。

第**8**章

用场景测试决策和选择

决策是场景规划的重要成果，虽然有大量的研究证据，但在利用场景规划指导决策方面，还缺乏具体的实践建议。场景应用的一大有力方法就是测试特定决策。将场景作为风洞，以此了解与可能的选择相关的潜在风险和收益。

这种使用场景的方法更具体、更有效，它以明确决策为基础，这一决策有一系列选项。例如，开端是一项扩大加州市场份额的决定，相关的选择可能是收购一家公司、开设一个办事处、利用网络手段在加州战略性地聘用员工。尽管总是以外部环境为背景，但场景是在已有决策的前提下做出的。因此，这些案例需要一个决策焦点。研究多个未来走向有助于拓展思路、获得新想法，同时，好的场景应该能为现有的选择列表注入新鲜血液（虽然并不总是这样）。为了最大限度地利用这种方法，参与者需要具备一定的知识水平，对各种选项加以评估。一旦他们这样做了，就会形成专家小组，由专家小组分析，最终在场景内部和整个场景中得到最优选择。

本章将介绍如何使用场景来对决策和相关选择进行测试。这种场景使用方法更详细、更具体，当然，也提出了一些要求。首先，决策必须明确，是收购一家公司、开拓新市场，还是减少生产线？其次，所有可用选择必须明确，这些内容应该相对详细，以行动为导向。最后，工作的重点是评估每个方案的潜在风险和潜在收益。

这种方法通常会用到另一个矩阵。如果将风险标绘在纵轴（x轴）上，将收益标绘在横轴（y轴）上，就出现了另一个矩阵，如图8.1所示。

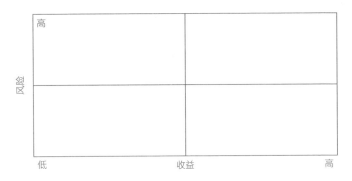

图 8.1　通用风险、收益图

由图8.1可以看出，"高收益、低风险"类别的项目应保留，以便进一步检查。同样，"低收益、高风险"类别的项目应被视为潜在的非策略，即"不要做什么"。"高收益、高风险"类别的项目（右上）决策赌注很大。这个概念相对简单。这种方法从一开始就需要一个特定的重点。当存在一个明确定义的决策和相关选择时，推荐使用这种方法。最好用例子来说明这一点。

◁ 环保公司 ▷

一家环保公司（主要与市政当局合作解决水资源和废水管理相关的问题）正致力于扩大影响力，增加其在加利福尼亚州的市场份额。场景构建的焦点问题是，未来5年，加利福尼亚州水资源、废水市场将如何演变和发展。一系列研讨会为加利福尼亚州水市场制订了4种方案，其场景矩阵如图8.2所示。

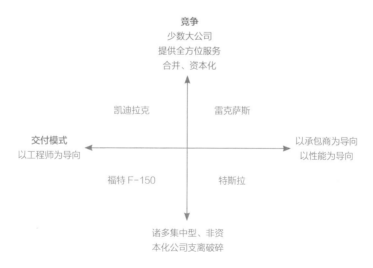

图 8.2　环保公司的场景矩阵

环保企业的决策与选择

场景开发后，下一步就是根据决策焦点生成一组潜在的选择。决策重点在于如何增加在加利福尼亚州的市场份额。同样，他们的目的也是增加在加利福尼亚州的市场份额，由此展开一系列讨论。领导者心里无疑已有明确的选择，但目标是列出一份完整的清单。在与团队领导举行了几次会议后，最终确定了扩张方案。

1. 收购区域公司。

2. 洛杉矶的全国合作伙伴。

3. 洛杉矶的本地合作伙伴。

4. 在洛杉矶开设办事处。

5. 在旧金山开设办事处。

6. 旧金山的全国合作伙伴。

7. 旧金山的本地合作伙伴。

8. 在萨克拉门托开设办事处。

9. 在圣何塞开设办事处。

10. 综合项目交付伙伴关系。

11. 客户：加利福尼亚州供水服务公司。

12. 客户：大橡树公司。

13. 客户：圣何塞水务公司。

14. 客户：双谷动物园（Twin Valley Zoo）。

15. 客户：塞拉市（Sierra City）。

16. 客户：刘易斯小型水务公司。

一旦明确选择（并在回顾场景的过程中获得了几个额外的选择），下一步就是考虑不同场景中每个选择的潜在结果。这是对前面风洞活动的详述。

环保公司领导层的一个小团队组织了一次研讨会，意在评估每种方案的潜在风险和收益。表8.1是分发给每个参与者的排名表模板。

表 8.1 潜在风险、收益排名表

选择	收益	风险
1. 收购区域公司 备注：		
2. 洛杉矶的全国合作伙伴 备注：		
3. 洛杉矶的本地合作伙伴 备注：		
4. 在洛杉矶开设办事处 备注：		
5. 在旧金山开设办事处 备注：		
6. 旧金山的全国合作伙伴 备注：		
7. 旧金山的本地合作伙伴 备注：		

选择	收益	风险
8. 在萨克拉门托开设办事处		
备注：		
9. 在圣何塞开设办事处		
备注：		
10. 综合项目交付伙伴关系		
备注：		
11. 客户：加利福尼亚州供水服务公司		
备注：		
12. 客户：大橡树公司		
备注：		
13. 客户：圣何塞水务公司		
备注：		
14. 客户：双谷动物园		
备注：		
15. 客户：塞拉市		
备注：		
16. 客户：刘易斯小型水务公司		
备注：		

　　参与者被要求了解凯迪拉克场景，并独立评估每个选择的潜在风险和收益。完成评估后，参与者讨论了他们认为的主要风险领域和收益领域。哪些选择的风险最高，为什么？哪些选择的风险最低，为什么？对话和辩论持续开展，就像在场景构建过程中，利用各种便签排序一样。

环保公司选择的风险与收益排名

图8.3至图8.7介绍了环保公司在开发的四种方案中，根据风险和收益对选择进行的排序。

可以看到，在凯迪拉克场景下，有几个不错的选择（高收益、低风险），包括争取赢得几个特定客户，如刘易斯小型水务公司、圣何塞水务公司和大橡树公司。此外，还可以选择在旧金山开设办事处。再次强调，这里的重点不是盲目追求高收益、低风险，而是为了确定在这一场景下，哪些选择更为适用（图8.3）。

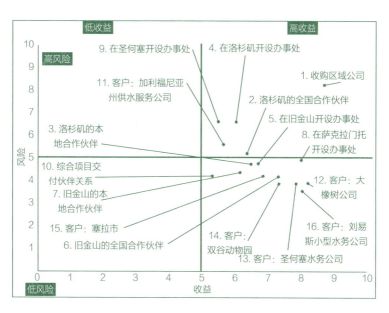

图 8.3　凯迪拉克场景下环保公司的潜在风险、收益图

在雷克萨斯场景下，有几个相同的选择似乎有其效用，如在旧金山开设办事处，力争与大橡树公司、双谷动物园和圣何塞水务公司签订合同。整个布局稍有改变，目标是筛选不同的选择，并思考哪些可能需要进一步研究和分析（图8.4）。

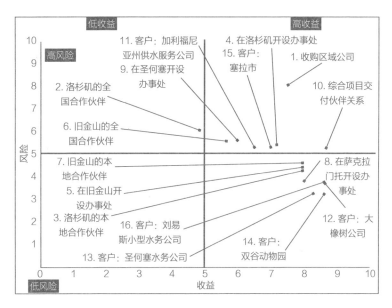

图 8.4　雷克萨斯场景下环保公司的潜在风险、收益图

对于特斯拉场景，选择已经发生了很大的变动。由于特斯拉场景更具挑战性，真正有用的选择要少得多。不过，赢得新客户似乎是目前最好的办法（图8.5）。

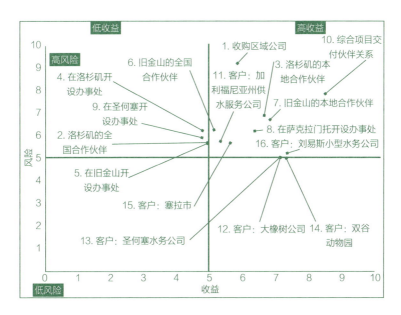

图 8.5　特斯拉场景下环保公司的潜在风险、收益图

福特F-150场景中还有很多有用的选择。总的来说，在这种情况下，总体风险会稍大一些，但目标不变，因此要找到深入研究的最佳选择（图8.6）。

最后，在所有场景中，无论场景动态如何，都有一些适应力极强的实用选择。做新客户方面的工作似乎是环保公司总体战略的最佳选择。在审查完这些选择后，环保公司的主管们确定了以下几个选择，需要进一步研究。

• 新客户：刘易斯小型水务公司

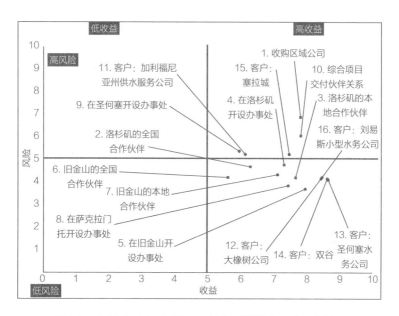

图 8.6　福特 F-150 场景下环保公司的潜在风险、收益图

- 新客户：大橡树公司

- 新客户：双谷动物园

- 新客户：圣何塞水务公司

　　反思结果之后，管理团队认定，在加利福尼亚州增加市场份额的最佳整体战略是以开发新客户为基础。通过这次实践以及为此所做的准备工作，我们确定了几个客户，这为管理团队提供了一个起点。接下来就要了解组织中哪些顾问可能与目标客户公司有联系。

研讨会结果

潜在风险、收益排名集中在空间的右下象限。实践目标是"高收益、低风险"的项目。要解释这一活动产生的5种布局并不容易，因此需要深思熟虑。并非出现在右下象限的所有内容都应盲从，但这些选择确实值得我们进一步调查研究。这种方法有一个基本假设，即其中的参与者对所考虑的背景、决策见解相对深刻，如果事实如此，你将和专家共同思考决策及相关选择。在这次实践结束时，我们已经确定了需要深入分析的选择。此外，由于某些选择一直出现在"高风险、低收益"类别中，因此已被移除（图8.7）。

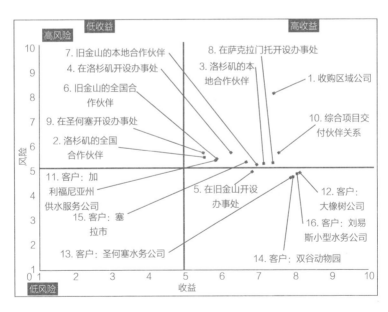

图 8.7　所有场景下环保公司的潜在风险、收益图

◁ 石油天然气公司 ▷

石油天然气公司（Oil & Gas Cowpany）的地质和勘探部门在委内瑞拉的地下发现了新的石油天然气资源。关键问题在于，如何为开采资源提供资金？根据该国的社会政治背景、土地使用情况、偏远城镇的破坏、开采物流等不确定性因素，我们构建了几种场景。

我们利用2×2矩阵法构建了4个场景（图8.8），并在充分评估了当地资源和社会政治环境后构建了4种场景。场景构建完成后，我们关注的重点就转向关键决策。

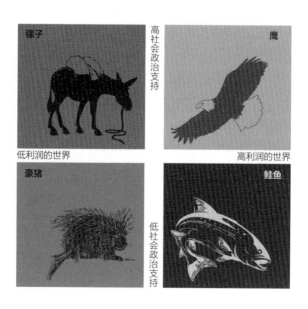

图 8.8　石油天然气公司场景矩阵

以场景矩阵为基础，通过深入的额外研究、早期参与者采访及从各种研讨会上获得的见解，我们构建了4个书面场景。与领导团队的进一步合作催生了有重点的决策和选择。围绕着如何为开采新资源融资这一问题，我们提出了几种可能的融资方案（图8.9）。

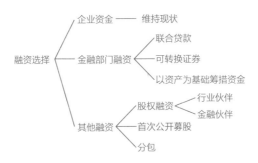

图 8.9　石油天然气公司的融资选择

随着经验的积累，场景实践中出现了几个选择。例如，正是在研讨会上回顾场景的过程中，产生了首次公开募股（IPO）的想法。下一步是设计研讨会，考虑不同场景中的融资方案，并确定一套适用于整个场景的最佳方案。参与者需要回顾"骡子"场景，列出各种融资选择及每个选择的潜在风险和收益排名。潜在风险和收益按照由1到10排名。需要明确的是，这并不是一项优先排序的活动：第10位的风险排名可以多次使用，即使某一选择的潜在风险和收益都为10也是可取的。

在参与者单独完成活动后，开始进行小组对话和反思。参与者围绕他们认为特别"高风险、高收益"，尤为突出或不突出的内容展开讨论，讨论时长30分钟。30分钟后，参与者可以根据谈话中的见解或观点改变自身想法，调整并确定最终排名。主持人收集他们的排名表，并在鹰、鲑鱼和豪猪场景中重复这一过程。研讨会结束后收集数据，将其绘制在潜在风险、收益矩阵上，如图8.10至图8.14所示。

"骡子"场景稍显困难，几乎没有什么可行的选择。寻求企业融资的潜在收益最高，但也有一定风险。风险较低的选择包括分包、首次公开募股、与金融伙伴进行股权融资，但其潜在收益也较低（图8.10）。

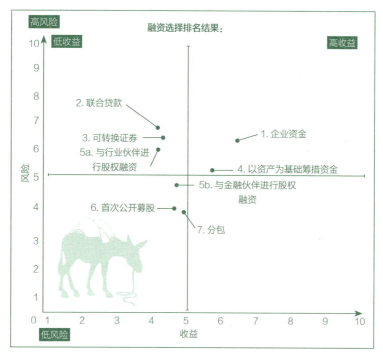

图 8.10 石油天然气公司在"骡子"场景下的潜在风险、收益图

"鹰"场景比较乐观，其中所有选项都属于"高收益、低风险"类别。在这种场景下，环境对石油天然气公司有利，因此所有的选择都值得考虑（图8.11）。

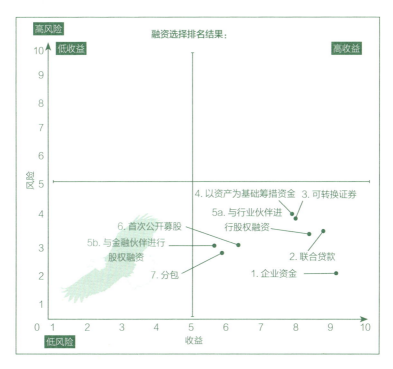

图 8.11　石油天然气公司在"鹰"场景下的潜在风险、收益图

"鲑鱼"场景存在一些挑战，其选择趋于中立。同样，在这种情况下，所有选择都有一定的风险。其中，联合贷款、可转换证券、首次公开募股、与行业伙伴进行股权融资都值得考虑（图8.12）。

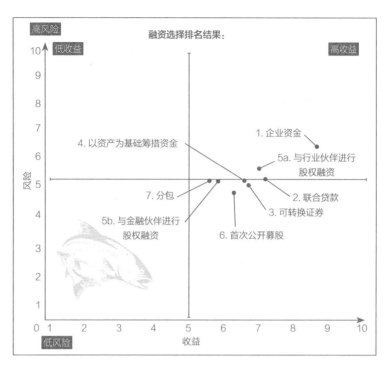

图 8.12　石油天然气公司在"鲑鱼"场景下的潜在风险、收益图

　　"豪猪"场景最为困难，没有给评估可行方案留下多少空间。在这种情况下，建议推迟或放弃该项目。要想让项目继续下去，首次公开募股是一个可行的选择，但风险高于收益（图8.13）。

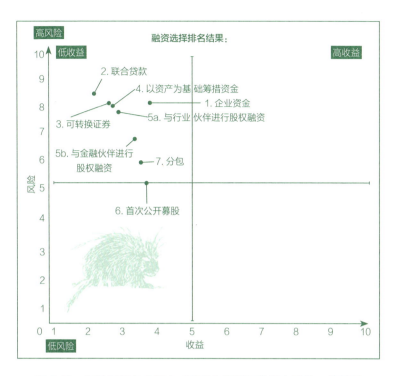

图 8.13　石油天然气公司在"豪猪"场景下的潜在风险、收益图

最后，在各种场景中，企业资金、以资产为基础筹措资金和首次公开募股都可能带来价值。在这种情况下，我们应该对这些选择展开更详细的分析和研究（图8.14）。

当然，以上说法不一定完全正确，但这不是统计，而是实践。对于将不同群体的评分结合起来这一想法，需要慎重考虑。我们绝不建议盲目遵循最终结果，关键是要认识到，结果是基于参与者对潜在风险、收益的认知得出的，这也就解释了为什么参

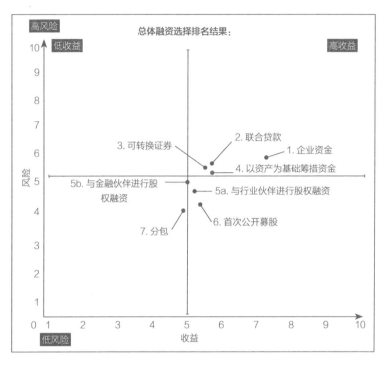

图 8.14　石油天然气公司在所有场景下的潜在风险、收益图

与者对于问题、决策和选择的理解如此重要。本次研讨会旨在筛选出可管理的几种选择，以便深入研究和实践。

◁　选择的精确度和可比性　▷

做出决策和选择的一个重要经验是确保选择的精确度和可比性。这里澄清一下，为有效评估潜在风险和收益，这些选择至少应该存在相似之处。例如，上述环保公司的例子确实缺乏可比性。在加利福尼亚州收购一家公司远比招聘几名员工需要更多的资源。在这种情况下，要评估潜在的风险和收益极为困难，因为可变因素太多了。

为避免这一问题的产生，确定几种选择之后，在给潜在风险、收益排名前，应考虑每个选择的一般范围、进度和预算。完成这项工作后，就可以按照相似性给选择分类，并对同类选择进行潜在风险、收益的评估，这种方法更准确、更有效。在上述石油天然气公司的例子中，不同选择间存在极大的相似性——为开发新资源设计了8种不同的融资选择。

研讨会形式和指南：决策和选择

时间：4 小时。

参与者：5~15 人。

假设：你有 1 组场景和存在不同选择的决策。

研讨会形式：本次研讨会旨在评估每种场景、整个场景中特定选择的潜在风险和收益。其中需要个人参与、小组对话和辩论。

说明：

- 参与者阅读场景 1，分别考虑场景 1 中每个选择的潜在风险和收益。

- 将参与者按照 1 至 10 进行排名。
- 参与者讨论排名，并确定"高风险、高收益"的选择（不必达成共识）。
- 在每个场景中重复此过程。
- 当所有场景的流程完成后，将排名输入 Excel 或其他软件中，生成风险、收益图。
- 使用 Excel 工具，按场景筛选，得出潜在风险、收益图。
- 将"高收益、低风险"象限内的选择作为可行选择。
- 移除"高风险、低收益"象限中的选择。

◁ 总结 ▷

本章介绍了如何使用一组场景来理解特定决策选择的潜在风险和收益。以这种方式使用场景实际上是对风洞法更细致地实施和应用，目的在于找到在多个或所有场景中都有益的选择。此外，这种方法还有一个目标，即找到在任何情况下都无意义的选择，将其从选择列表中移除。这种方法对于精简选择列表极为有效，便于我们对少部分选择展开进一步的研究和探讨。

第**9**章

评估场景的经济效益

评估组织干预的经济效益越来越重要。随着财政资源压力的持续增加，决策者必须证明投资是有价值的。想要让领导者相信这一点，就需要证据。从历史上看，那些在变更管理、培训、领导能力、战略和其他相关领域工作的人大多没能证明其项目的经济效益。这些活动都可视为组织干预，思考其价值至关重要。

场景规划是一个在组织及其环境中运行的过程。场景规划的目的在于了解外部环境是如何变化的，并将不确定性作为规划过程的一部分。毫无疑问，场景规划涉及具体的组织名称、部门、职能、研讨会、参与者选择、项目设计和促进等，都需要时间、精力和经济成本。使用场景指导决策制定时，我们总会期望决策能产生结果，且结果几乎总是与经济价值相关。然而，这种关于场景规划的观点尚未出现在现有的指南中。为什么？

答案进一步强调了本书的重要性——场景并不经常被应用和使用，在极少数应用场景的情况下，过程并不深入，还无法产生经济效益，因此改变这种现状十分必要。

由于没有实例来说明如何估计场景规划的投资回报或具体的经济效益，本章借鉴了组织活动的其他领域的分析，这些领域已经成功与投资回报或经济效益建立了联系。其实，我在过去几年的工作中已经提出了将概念与实践相结合的想法。值得一提的是，理查德·斯旺森（Richard Swanson）曾设计了评估人力资源开发经济效益的总体框架，本书对其加以调整、采纳并应用于场景规划过程。接下来我将介绍评估项目经济效益的基本原则。介绍了这些原则后，由于其事后性质，我们认定更具体的关键成果技术（COT）是评估场景规划经济效益的最佳方法。本章的最后给出了三个将关键成果技术应用于场景规划项目的实例。本章的目的是向你展示如何评估场景规划的经济效益。

◁　评估经济效益的基本原则　▷

评估任何组织活动的经济效益有4个基本原则：基本效益评估模型；经济效益预测模型；实际经济效益模型；预估经济效益模型。介绍场景规划的具体方法之前，本书将回顾以上原则。

基本效益评估模型

基本效益评估模型包括绩效价值、成本和效益三个组成部分。这些组成部分以一个简洁的公式表示。

绩效价值（计划或干预产生的绩效价值）—成本（计划或干预的成本）=效益

使用这个公式需要明确每一项的价值。显然，你只需要了解绩效价值和成本就能获得效益。效益会对绩效价值产生影响，这个基本模型提供了三种看待效益的方法，即预测模型、实际模型和预估模型。

经济效益预测模型

想要预测经济效益，就意味着从一开始就提出"效益"这一概念。经济效益是一种预期收益，不一定与实际完全相符。尽管如此，该方法也有助于向决策者建言献策，使最终决策产生积极的经济表现。这就是实践之前的"事前"方法。在考虑与场景规划相关的效益预测方法时，从细节上了解项目目标很有帮助。例如，如果领导正考虑投资场景规划，以此判断是否要收购其他公司，在预测时就应该估算收购公司的潜在收益，并使用假设来支持结论。然而，这可能不是考虑场景规划经济利益的最优方法。

实际经济效益模型

实际经济效益模型一般应用于计划或干预"过程中"。应用这种方法评估将贯穿整个工作过程，同时，我们也有机会随干预的展开来跟踪评估数据，记录具体的、计划的成本和效益。但这种方法无法得到数周或数月才能出现的结果，因此不建议在场景规划中使用。

预估经济效益模型

预估经济效益模型更侧重于"事后"分析，在某一项目决策或行动产生效益时最有用。由此可见，它是这三种方法中评估场景规划经济效益的最佳方法。这种方法中存在特定技术，对场景和策略来说，关键成果技术最为适用。值得注意的是，预估法对确定性能、价值具有重要意义。由于该模型为事后应用的方法，也就意味着性能、价值以预期的性能结果为基础，而性能结果又可通过在预测模型中应用关键成果技术得以明确。

◁　关键成果技术　▷

　　场景规划下的决策或行动需要一定时间才能发挥作用，因此推荐采用关键成果技术，这种技术在预估经济效益的范畴内。"关键成果技术是一种实用的评估系统，可应用于多种性能优化项目。"为了对看似"松散"的组织工作进行财务估值，考虑到管理人员喜欢一目了然的业绩（图9.1），关键成果技术应运而生。这种方法简洁清晰，侧重事后评估，需要时间来对干预或计划结果进行观察和评估。关键成果技术指的是组织、流程或个人层面的业务结果，也包括财务成果或利益。该技术通过以下阶段展开。

　　1. 确定（事后）计划的预期结果。

　　2. 从项目中收集促成结果的数据。

　　3. 通过参与者以外的来源（如参与者的主管或经理）验证此信息。

　　4. 确定每一结果的性能价值。

　　5. 为主要利益相关方提供一份评估结果总结报告。

当场景规划被视作组织性干预时（同领导力发展、培训和变更管理等一样），关键成果技术就成了评估经济效益的最佳方式，其中包括5个关键阶段：定义结果；调查结果；验证结果；评估结果；报告结果。下文简要描述了每个阶段，并举例说明关键成果技术在场景规划中的应用。

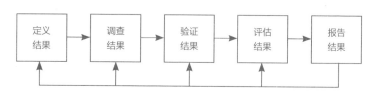

图9.1　关键成果技术模型

定义结果

关键成果技术的第一阶段是定义结果，关键是要考虑会受到影响的性能层面，在一个组织中，通常可分为个人、团队、流程和组织4个层面。个人层面的成果包括知识、技能和能力；团队层面的成果主要包括团队绩效；流程层面的成果通常包括改进或重新设计流程，以提高效率；组织层面的成果是指企业层面的成果。关于成果，需要考虑结果驱动因素。我们可以改变结果驱动因素，以此对最终成果产生影响。"综合来看，结果驱动因素表明，在一定水平上，项目与成果之间存在潜在的因果关系。"场景规划背景下的成果几乎都在组织层面，结果驱动因素大多是可行的战略决策或行动，只要做出决策并展开行动，最终就能带来预期的收益。

在这一阶段还需要确定评估结果的时间，这一点取决于干预或计划。这也就很好地解释了为什么关键成果技术通常在干预或计划的几周、几个月后才得以应用。此外，由于该方法在事后才得以应用，因此需要一段时间来了解目标结果是否受到影响。在不同场景下，适当的时间是4~6个月，但也可以更长。不同的时间区间应该允许场景对决策、行动产生显著影响。根据预期成果，我们可以对场景实践的好处进行评估。

调查结果

调查结果只限于通过调查、访谈、报告或其他形式的数据来确定适合项目的数据。锁定客观数据很重要，仅仅依靠感知来判断并不明智，投资决策和资源再分配是常见的客观数据来源。假设决策和行动是场景规划的结果，那么这些决策、行动的成败就应该有其衡量标准。

验证结果

验证结果阶段须有多人参与，负责项目有效性评估。任何项目负责人都会选择对自己有利的方式。在这一阶段让多人参与其中，目的在于减少偏见、从多种视角看待问题。

评估结果

评估结果是收集前几个阶段的数据后，将财务价值附加到结果上的过程。评估结果可以以金融模型、重大投资的实际货币价值或预估的投资回报为基础。

报告结果

最后一步是生成成果报告。这份简单的报告介绍了项目细节，阐明了项目各部分，并总结了项目成效（表9.1）。

表 9.1　成果报告模板

公司	
项目：	
日期：	
参与者：	
项目意图、项目简介：	
评价综述：	
经营成果：	财务业绩：
批准：	
分配名单：	

以下是将关键成果技术应用于场景规划项目的两个例子。在第一个例子中，决策焦点在于是否收购一家公司。这个例子展示

了如何应用关键成果技术来评估高风险、高成本投资的经济效益。在第二个例子中，石油天然气公司应用关键成果技术，了解其融资决策在场景项目完成6个月后的执行情况。这是一个回顾性的例子，将其所选择的选项与其他选项进行比较。有了本章中的方法和示例作为指导，只要有充足时间来呈现结果，就能评估其他场景规划实践的经济效益。

◁ 丙烷公司 ▷

2016年，丙烷公司正寻找方法，试图增加市场份额。其潜在战略包括收购一个小规模独立供应商，目前已有几个目标在考虑之中。最终，金融分析师们选定了一家独立供应商，这似乎是最具吸引力的投资选择。组织领导决定使用场景规划来测试其决策的可行性。于是，相应场景得以创建，团队在场景中利用风洞法对主要决策进行分析。最后，多种场景都表明，收购那家供应商属于有益决策，因此他们决定继续收购。12个月后，他们使用关键成果技术来评估决策的经济效益。

定义结果和时间安排：组织层面——时间安排在场景规划的12个月后。

调查结果：在保留87%的客户并在周边地区赢得比原独立供

应商地区多10%的市场份额的基础上，12个月后，公司整体收入有望增加600万美元。

验证结果：整个领导团队（12人）参与了收购供应商的评估，用4种场景测试，所有人都觉得验证结果是合理的。

评估结果：600万美元。

成果报告：参见表9.2。

表9.2　丙烷公司的成果报告

公司：丙烷公司
项目：企业并购的场景规划
日期：2017年8月
参与者：领导团队、财务团队、战略团队
项目意图、项目简介： 该场景规划项目旨在为丙烷行业未来5年的发展设定场景。由于存在扩张机会，我们特别打算利用这些场景来研究收购目标供应商的可能性。
评价综述： 在评估了4种情况下收购供应商的风险和收益后，决定继续收购目标供应商。领导层表示，这些场景让我们看到，收购目标供应商可能增加组织收入。场景项目结束12个月后，在本报告发布时，目标供应商已贡献了1500万美元的收入。

经营成果：	财务业绩：
1.决定继续收购供应商。	1.收益600万美元。
2.新客户增加10%。	2.收益900万美元。
3.87%的现有客户签订新合同，提高了利润率。	3.收益1500万美元。
4.总体经济影响。	

公司：丙烷公司
批准：首席执行官
分配名单：领导团队和董事会

一旦确定了这些数字，团队就可以应用效益评估模型，如下所示：

1500万美元	场景项目决策的性能价值
20万美元	场景规划项目的成本，包括参与者的时间
1480万美元	效益

在这种情况下，评估结果的时间比平时要长，但它适合做决策，也符合影响显现的时间，最终评估结果也超出预期。这个例子表明，有时场景有助于指导决策，且收益远超成本。

◁ 石油天然气公司 ▷

该案例展示了关键成果技术在场景规划评估经济效益过程中的应用。第8章有一个例子，委内瑞拉石油天然气公司发现了新资源，该公司围绕提取资源的环境、社会动态和技术动态，构建了场景。为这一大型项目融资，石油天然气公司负责人考虑了7种不同方案。

1. 企业资金。

2. 联合贷款。

3. 可转换证券。

4. 以资产为基础筹措资金。

5. 股权融资。

6. 首次公开募股。

7. 分包。

该团队通过场景对7种方案进行了风洞分析，确定依靠企业资金是最合适的策略。从长远来看，这也是成本最低的选择。

定义结果和时间安排：组织层面——时间安排在场景规划的6个月后。

调查结果：在7种方案中，依靠企业资产最合适，这是因为这种方案没有额外成本，其他选择都有成本。

验证结果：整个领导团队（19人）参与了可用融资方案的评估，用4种场景测试，所有人都觉得验证结果是合理的。

评估结果：在大约10年的时间里，整个过程的融资成本为250亿美元。结果报告中对融资方案进行了比较。

成果报告：参见表9.3。

表9.3　石油天然气公司的成果报告

公司：石油天然气公司

项目：委内瑞拉资源开采的场景规划

日期：2018年10月

参与者：领导团队、财务团队、战略团队

项目意图、项目简介：

该场景规划项目意在为委内瑞拉油气公司未来的运营创造不同场景，并确定开采资源的最佳融资策略。考虑到资源开采的成本，我们利用场景来测试不同的融资方案。这些场景清楚表明，企业融资最为适宜。其他方案成本较高，且大多数都有重大资产风险，很可能由于合作关系而降低利润。

评价综述：

企业融资6个月后，我们将其财务状况与其他方案进行了比较。

经营成果：	财务业绩：
1. 企业资金。	1. 10年收益250亿美元。
2. 联合贷款。	2. 当前持有资产的基础＋利率为7.2%的10年期利息。
3. 可转换证券。	3. 当前持有资产的基础＋利率为8.1%的10年期利息。
4. 以资产为基础筹措资金。	4. 当前持有资产的基础＋10%利息和风险。
5. 股权融资。	5. 当前持有资产的基础＋10%利息和风险。
6. 首次公开募股。	6. 当前持有资产的基础＋10%利息和风险。
7. 分包。	7. 基数＋公司股票和资产减值。
使用公司资金决策的总体财务影响（直接归因于场景项目）。	企业融资节省的资金在18亿~55亿美元之间，没有任何资产或利润面临风险。

批准：首席执行官

分配名单：领导团队和董事会

　　我们再次使用场景来检查关键战略决策，此举成果显著。在这种情况下，我们能够有效节省利息，通过避免合伙、保护所有资产来维持利润。此示例通过节约成本来获得效益，这些数字仍可以用于效益评估模型：

18亿~55亿美元	场景项目决策的性能价值
2亿美元	场景规划项目的成本，包括参与者的时间
16亿~53亿美元	效益

◁ **总结** ▷

证明场景规划价值最可靠的方法就是评估其结果和经济效益，这一点对于场景的推进来说至关重要。本章介绍了评估组织项目经济利益的基本原则，还介绍了关键成果技术，因为它非常适合评估场景规划结果。本章介绍了两个使用关键成果技术评估场景经济效益的示例及其应用结构和模板。虽然例子中提供的数字看起来有些离谱，但用场景来指导重大投资决策确实有好处，一个单一的、重大的决策可以产生数百万甚至数十亿美元的财务影响（积极或消极)。关键在于从场景工作开始就一直跟踪决策制定，场景规划的财务评估不必过于复杂或花费很长时间。若能理解并应用关键成果技术，理解本章中介绍的方法就会相对简单，有效使用场景规划的方法需要耐心和毅力。归根结底，评估场景规划的经济效益意味着让场景规划人员对其场景负责，长期跟踪结果，才能展现场景价值。该活动进一步将场景与战略联系起来，以此对组织做出改进和优化。

第 **10** 章
用场景模拟财务状况

一般情况下，金融分析师在管理他们所在的组织时，分析倾向于从以下两个重要方面引起领导层的注意：季度收益；股东回报。大多数情况下，董事会的期望以财务团队的建模为基础，而且现实情况是，大多数公司和首席执行官都遵从董事会的期望。但以季度为单位分析财务增长结果很难保障组织的长远发展，不管对人员、专业知识、劳动力能力、社区、州和国家的影响如何，极力从组织中榨取利润已成为常态。事实上，很多企业对短期收益的追求几乎已取代了组织长期发展的理念。

尽管事实难以否认，但以如此严厉的辞藻展开本章的论述并不公平。之所以这样做，并不是想要一味责备财务人员，但考虑到《财富》杂志上超90%的百强企业都将战略归财务部门制定，我们很难忽视其对战略的巨大影响。平心而论，如果人们对战略毫无期望，那么组织内的活动就不会得到支持。在场景规划、领导能力发展和培训等活动上的投资应该能够产生价值，但如果事实并非如此，就没有理由再继续下去。

长期以来，场景规划者一直避免展示其项目的财务结果。设想未来是一项有趣而富有创造性的活动，有助于开阔视野、丰富见解。但除非这些见解能得以应用，产生深远影响，否则场景就会被打上"有趣但无用"的标签，得不到关注与重视。

我们不建议将场景规划活动与预估组织绩效联系起来。许多人认为这太过困难，而且受太多其他变量影响。的确，这些观点有其可取之处。要估计场景规划对组织财务绩效的潜在影响并不容易，许多变量都会对未来的组织绩效产生影响。然而，有困难并不意味着我们就不去关注。通过一些调整，就能预测场景如何才能影响组织金融模型，也可以预测场景对企业绩效的影响。

场景规划必须与财务结果挂钩，才能作为一种常见的组织实践被接受。同财务建模一样，场景也同未来息息相关，所以没必要保证财务结果有限和真实。我们无法预测未来，但能预测场景及其中事件对财务建模的影响。这需要将财务人员带入场景，并试图激发他们的创造力。财务人员通常不以创造力著称，所以这似乎是一项艰巨的任务，但场景和金融模型有一个重要的共同点——假设。

本章旨在介绍场景与金融模型是如何产生联系的，将涵盖以下内容。

- 什么是金融模型。
- 如何使用金融模型。
- 在场景中使用金融模型。

◁ 什么是金融模型 ▷

金融模型是对企业未来收益的预测。通常情况下，公司对业务表现做出一系列假设，以此为基础创建金融模型。根据战略规划以及世界不会改变这一假设，大多数公司采用的都是单一的金融模型。大多数金融模型是以组织的历史业绩为基础来对未来进行预测的。

◁ 不同类型的金融模型 ▷

金融模型有5种类型：三报表模型；折现现金流分析模型；杠杆收购模型；并购模型；敏感性分析。到目前为止，最常见的是三报表模型。其他模型则在目的更明确时使用。三报表模型包括损益表、资产负债表和现金流量表，其中，资产负债表最为重要。表10.1给出了通用资产负债表的示例。

表 10.1 通用资产负债表

年   月   日

资产	行次	期末余额	年初余额	负债和所有者权益	行次	期末余额	年初余额
流动资产				流动负债			
货币资金	1			短期借款	30		
短期投资	2			应付票据	31		
应收票据	3			应付账款	32		
应收账款	4			预收账款	33		
预付账款 应收股利	5			应付职工薪酬	34		
应收利息	6			应交税费	35		
其他应收款	7			应付利息	36		
存货	8			应付利润	37		
原材料	9			其他应付款	38		
在产品	10			其他流动负债	39		
库存商品	11			流动负债合计	40		
周转材料	12			非流动负债			
其他流动资产	13			长期借款	41		
流动资产合计	14			长期应付款	42		
非流动资产				递延收益	43		
长期债券投资	15			其他非流动负债	44		

第二部分 ◄
应用场景的具体方式

资产	行次	期末余额	年初余额	负债和所有者权益	行次	期末余额	年初余额
长期股权投资	16			非流动负债合计	45		
固定资产原价	17			负债合计	46		
减：累计折旧	18						
固定资产账面价值	19						
在建工程	20						
工程物资	21						
固定资产清理	22						
生产性生物资产	23			所有者权益（或股东权益）	47		
无形资产	24			实收资料（或股本）	48		
开发支出	25			资本公积	49		
长期待摊费用	26			盈余公积	50		
其他非流动资产	27			未分配利润	51		
非流动资产合计	28			负债和所有权益（或股东权益）	52		
资产总计	29			总计	53		

◁ 如何使用金融模型 ▷

金融模型通常用于预估组织的绩效，有助于帮助决策如何筹集资本、发展业务，同时也被用于计划、会计、资本分配和潜在的并购事宜。此外，金融模型还能用于理解企业价值，以及决策的主要杠杆，如收入、资产、债务等。

◁ 在场景中使用金融模型 ▷

将场景和金融模型结合在一起，有助于在不同场景中探索多种金融模型。在场景中使用金融模型，旨在预测未来的组织绩效，并将其与场景联系在一起，换句话说，是为了考虑金融模型如何根据场景动态变化而变化的。本章介绍的活动并无正确答案，没有一定之规。

人们很容易认为，金融模型都以客观数据为基础。事实上，金融模型需要的假设和场景一样多。从定义上讲，金融模型就相当于估算方法。无论是在单个还是多个场景中，在使用金融模型时第9章中的许多原则都适用。应用金融模型旨在将组织作为一个整体来看待，而并非估计具体行动或决策的潜在利益或损失。

由于场景和金融模型都能做出假设，所以有一个逻辑起点可以将两者联系起来。金融模型中常见的假设包括行业增长、通货膨胀、利率、汇率、资本支出、市场份额和税收。人们往往会忽视金融模型也可以做出假设这一事实，这也就解释了为什么金融模型如此具有吸引力，时常会被盲目采用。但现实是，金融模型和场景一样存在风险。通常来说场景包含同样或非常相似的假设。找到场景假设和金融模型假设之间的重合之处，就能够估计对组织的潜在经济影响。

大多数企业都会使用工作日金融系统（Workday Financials）或甲骨文金融系统（Oracle Financials），大多数财务团队将其财务数据下载后进行测试，如果满意，就上传回来。如前所述，由此产生的模型通常会成为首席执行官、董事会使用的决策框架。这种方法的主要问题是，完全按照数字进行管理通常效果不佳。即便是知名管理大师爱德华兹·戴明（Edwards Deming），也认为完全依靠数字进行管理是一种重大过失。从不同角度来看待这些数字，就会发现其不稳定性，由此就会看到其他的选择。

将场景与金融模型结合在一起，意味着打破一组特定的、未经检查的金融假设，也就是说我们有机会重新确定、明晰假设。一旦落实，我们就有机会根据不同场景来探索不同的组织绩效。

◁　在场景中使用金融模型的方法　▷

将场景和金融模型结合在一起主要有两种方法。一是预测组织绩效的主要指标是如何受场景动态影响的；二是在场景规划被用于决策后，考虑其对首选金融模型的整体影响。以上两种方法评估的是场景对组织绩效的影响。

表10.1中的资产负债表对于连接场景和金融模型来说有些复杂。表10.2给出了调整后的简化金融模型，适用于不同场景。该模型包括最重要的组织绩效指标，这些指标可能受场景动态影响。当然，由于组织会计和财务偏好的不同，金融模型可能存在相异部分，但主要元素大致相同。这个版本能完成这项工作，或者你可以创建自己的版本。基本要素应该包括收入、成本、运营费用、运营收入，当然还有净利润。

表 10.2　场景金融模型模板

	当前模型	场景 1	场景 2	场景 3	场景 4
收入					
主要收入来源					
其他					
总收入					

第二部分 ◀
应用场景的具体方式

	当前模型	场景 1	场景 2	场景 3	场景 4
成本					
主要销售成本					
其他					
毛利					
运营费用					
折旧和摊销费用					
一般及行政费用					
租赁费用					
资产出售、资产剥离损失					
运营收入					
利息花费					
债务清偿损失					
其他收入					
所得税费用（收益）					
净利润					

医保组织

在医保组织最近的一个场景项目中，我们有机会探索场景假设是如何影响金融模型的。一旦金融团队能够回顾场景，就能对预期收入、销售成本产生明显影响（表10.3）。

由于保密原因，详细介绍组织环境及数字估算方法并不合适，但这个想法应该很容易理解。例如，在场景1中，金融团队发现场景条件会对组织的收入来源产生负面影响。此外，人们还认为这种情况下成本会增加，你可以看到场景条件对净利润的影响。场景2中的条件更为有利，由此人们假设收入会增加，在这种情况下，与预期组织增长相关的销售成本也有所增加。这一活动解释了场景是如何影响财务的。场景4中提到了有助于收入大幅增长的机会。当然，没有一个选择能提供足够的证据来证明其必将成为现实。

重要的是，场景允许组织根据环境变化，思考不同的收入和成本预期。思考对组织整体绩效的影响对于摆脱单一的金融模型及其收入预期至关重要。简而言之，场景应该被用来质疑金融模型产生的假设，这与质疑重大决策、投资的假设是一样的。

第二部分 ◀
应用场景的具体方式

表 10.3　用场景模拟医疗机构的财务状况（单位：美元）

	当前模型	场景 1	场景 2	场景 3	场景 4
收入					
主要收入来源	918 000	735 800	983 500	893 000	1 210 300
其他	52 000	43 000	64 500	52 000	52 000
总收入	970 000	778 800	1 048 000	945 000	1 262 300
成本					
主要销售成本	315 000	325 000	357 000	318 000	368 000
其他	18 000	18 000	18 000	18 000	18 000
毛利	637 000	435 800	673 000	609 000	876 300
运营费用					
折旧和摊销费用	110 000	110 000	110 000	110 000	110 000
一般及行政费用	21 000	21 000	36 400	18 800	21 000
租赁费用	8 200	8 200	8 200	8 200	8 200
资产出售、资产剥离损失	8 200	8 200	8 200	15 800	8 200
运营收入	489 600	288 400	510 200	456 200	728 900
利息花费	3 000	3 000	3 000	3 000	3 000

（续表）

	当前模型	场景 1	场景 2	场景 3	场景 4
债务清偿损失					
其他收入					
所得税费用（收益）	100	100	100	100	100
净利润	486 500	285 300	507 100	453 100	725 800

研讨会形式和指南：金融场景建模

时间：2 小时。

参与者：5 人。

假设：你有 1 组场景和 1 个现有的金融模型。

研讨会形式：该活动既可以通过研讨会形式进行，也可以通过向金融团队提供场景及以下说明来完成。

说明：

- 组建金融团队。

- 要求参与者阅读场景 1，并考虑对组织绩效的影响。

- 调整场景金融模型的主要类别，填写不同的场景。

- 对其他场景重复此过程。

◁ 跨场景的整体金融模型 ▷

在应用场景、做出决策后，还有一个将场景和金融模型联系起来的机会，意在估计场景的总体运行是如何影响金融模型核心要素的。以医保组织为例，表10.4提供了场景实践对预期组织财务的评估。在这种情况下，新客户增加、价格上涨、产生了新的收入来源，由此导致利润增加，我们根据这一场景做出最终决策。具体来说，该场景工作与医保组织的信息技术部门合作完成，设计的场景中包含"居家办公"选项。虽然这些场景没有涉及新冠肺炎疫情，但确实涉及迫使办公室关闭、在信息技术支持下远程办公的其他事件。在新冠肺炎疫情的背景下，医保组织能够遵循该州"居家隔离48小时"的命令，支持居家办公。有时，场景无法准确描述事件，但其含义大致相同。

表 10.4　医保组织的总体场景金融模型（单元：美元）

		整体场景规划影响
收入		
主要收入来源	918 000	新客户带来新收入、现有客户的销售额增加、现有产品和服务价格上涨
其他	52 000	场景相关举措带来新的收入来源
总收入	970 000	

		整体场景规划影响
成本		
主要销售成本	315 800	自动化、效率、流程改进、原材料节约、合同效率
其他	18 000	场景相关举措带来新销售成本
毛利	636 200	
运营费用	110 800	
折旧和摊销费用	21 000	资产利用率
一般及行政费用	8 200	公司后勤开销计入其中
租赁费用	8 200	资产租赁费用
资产出售、资产剥离损失	1 500	
运营收入	486 500	
利息花费	3 000	债务利息费用
债务清偿损失		
其他收入		
所得税费用（收益）	100	税费
净利润	483 400	

研讨会形式和指南：总体场景金融建模

时间：2 小时。

参与者：5 人。

假设：你有 1 组场景，自开发场景以来已过去 4 到 6 个月，目前已做出决策、资源分配；有 1 个现有的金融模型。

研讨会形式：该活动可以研讨会形式进行，也可通过向金融团队提供场景及以下说明来完成。

说明：

- 组建金融团队。
- 要求参与者阅读场景 1，根据最近的决策和资源分配，考虑对组织绩效的影响。
- 调整场景金融模型的主要类别，填写不同的场景。
- 对其他场景重复此过程。

◁ **总结** ▷

在考虑场景如何发挥作用时，大型组织的首席执行官、经理和财务人员有多种选择。有充分的证据表明，场景可以帮助人们以不同的方式思考，有助于人们进一步了解环境变化。为了最大限度地利用场景规划，需要在使用场景时遵守承诺和纪律，以理解环境变化可能对组织及其财务安全构成的挑战。要想做到这一点，就需要关注本组织不同层面的场景规划的结果，包括总体的财务状况。这项工作并不简单，需要组织进行财务估算和假设。

本章介绍了如何利用场景来影响整体组织金融模型，并以几种不同的方式加以检验。场景不仅仅是概念性思维工具，它和所有金融模型一样，其中包含假设。将场景和金融模型联系起来，有助于催生重要见解，助力整个组织的决策制定。对场景规划者来说，了解自己所做工作的潜在益处并将其传达给客户至关重要。将场景与组织金融模型结合在一起就会发现，场景可以指导财务人员，还能为组织做好充分准备，以便在经济方面应对外部环境的重大变化。

第**11**章
开发场景信号和关键不确定性

信号是场景规划重要的成果之一，它理应是强制性的，但信号的作用经常被低估。信号为外界环境提供直接反馈，告诉人们周围的世界正发生什么、如何理解这些变化。简而言之，特定场景要想在现实中实现就需要信号。信号允许跟踪政治、社会、技术、经济和其他场景中正在发生的事情，有助于探索任何特定场景发生的必要条件。虽然信号永远不会与特定场景完全一致，但随着时间的推移，现实会开始向特定场景的方向靠拢。

如果现实中的许多事件映射到某个特定场景，出现明确的信号，那么可以肯定的是，该场景已经暗示了很多事情的实际结果。

思考信号有两种重要方式：一是任何场景在现实中得以应用，都需要实际信号或事件；二是关键不确定性。在思考如何监控外部环境、外部环境如何变化时，这两种方法都非常重要，本章将对其说明。我们使用这些工具，是为了了解外部世界是如何变化的，从而监测关键不确定性，以此推进决策的制定和行动。

◁ 信号 ▷

一旦设定了场景，确定信号就是一个细致的过程，需要详细地回顾场景，设想与每个场景故事相吻合的标题。一种方法是将每个场景分解成更小的时间块。如果某一方案历时5年，不妨以年为单位，将其分解成5份。第1年会发生什么？第2年……

这个实践将迫使人们思考，究竟是什么将场景变成现实的。场景规划者通常会考虑报纸标题，或用一种更时髦的方法——媒体频道底部的滚动条。因此，信号应该简洁明了，像标题一样易于理解，无须详细阐述。由此可见，开发信号和开发场景一样，通常是一种极富创造性的活动。

表11.1提供了一个简单的信号模板，可以根据场景数量和场景实践的时间线对其进行调整和更改。

表11.1设定场景历时5年。该模板便于针对长期场景进行调整。例如，第一列也可以写成"1~2年信号""3~4年信号"，以此类推，来描述历时10年的总体场景。开发信号为理解世界变化提供方法，方便人们检验现实是否朝着某场景的方向发展。

表 11.1　场景信号模板

	场景 1	场景 2	场景 3	场景……
第 1 年信号	列出 3~5 个信号	……	……	……
第 2 年信号	列出 3~5 个信号	……	……	……
第 3 年信号	列出 3~5 个信号	……	……	……
第 4 年信号	列出 3~5 个信号	……	……	……
第 5 年信号	列出 3~5 个信号	……	……	……

天然气公司

　　最近我们与天然气公司合作的场景项目着重关注天然气需求的下降趋势。设定这些场景，意在广泛探索该行业可能发生的变化，以及可能导致天然气需求大幅下降的原因。采用2×2矩阵法构建场景，其关键成果之一就是关于信号的开发，以此追踪可能对天然气行业产生影响的事件。虽然没有足够的背景信息，无法完全理解这些信号的含义，但这并不会产生影响，因为它们只能充当启发性示例。表11.2按场景展示了天然气公司5年内出现的信号。

　　这是一个近期项目，其中有些事件已经发生，细心的观察者还会注意到，随时间推移，这些信号变得愈发极端。开发信号并不一定是极困难的工作，这些场景显然已经包含了故事情节中的一些事件。我们面临的挑战是，要确定场景中尚未包含的独特

表 11.2 天然气公司信号

	鲑鱼场景	骡子场景	鹰场景	豪猪场景
第 1 年信号	• 钢铁压力冲击美国锈带地区 • 食肉动物崛起	• 亚马逊的崛起与灭亡 • 特朗普赢得了 2020 年大选 • 特朗普对战贝佐斯——真正的选举	• 大萧条 3 年后，美国经济缓慢复苏 • 全美横向投资 • 美联储希望通过降息刺激经济增长	• 亚马逊的攻击对你的家人意味着什么 • 身份盗窃案件与日俱增 • 亚马逊工人罢工持续到第 8 天
第 2 年信号	• 大大会失败？大重不能用 • 钢铁替代行业初创企业崛起 • "素食主义" 结束了吗	• 美国证券交易委员会批准谷歌收购亚马逊 • Chi-tah 能和阿里巴巴合作吗 • 特朗普当政下的环保局选择放松对危险品监管	• 交通部举办大规模招聘活动 • 飓风 "迈克尔" 袭击佐治亚州和南卡罗来纳州 • 非必要支出创历史新低	• 沃尔玛意图收购亚马逊 • 易贝（eBay）希望赢得亚马逊的前客户 • 小企业崛起
第 3 年信号	• 千禧一代、Z 世代和按需经济 • 美国主要街道空空荡荡的写照 • 面包可能致癌	• Chi-tah 承诺在 30 分钟内送达 • 如何在高速公路上识别自动驾驶汽车	• 美国政府买入钢铁期货 • 你需要知道的新的生存技术——丙烷 • 3D 打印钢铁替代品正在崛起	• 随着商品的价格下降，消费者支出增加 • 贝佐斯割裂的商业模式正在崛起

第二部分 ◄
应用场景的具体方式

	鲑鱼场景	骡子场景	鹰场景	豪猪场景
第4年信号	• 今夏气温将再次打破高温纪录 • 为什么医生要你吃牛排 • 了解钢铁，可再生钢铁	• 干禧一代正在扼杀大品牌 • Chi-tah 能比你更好地预测你的下一个订单 • 干禧一代和 Z 世代更喜欢在家做饭	• 公司利用技术重新吸引客户 • 与消费者见面，是一家公司的旅程 • 美国外出就餐人数减少	• 面向消费者的直接配送与日俱增
第5年信号	• 科学家将堆肥作为钢铁替代品 • 碳水化合物正在伤害美国人的身体吗 • 亚马逊直接向消费者销售 3D 打印机	• 网红加入烹饪游戏 • 你的房子知道家里什么时候没牛奶了	• 美国联邦应急管理局将在佐治亚州和南卡罗来纳州再待两年 • 太阳能与能源开采——如何整合能源 • 物联网把这个家庭从飓风"迈克尔"的威胁中拯救出来了吗	• 你试过订阅箱吗

的、更具挑战性的事件。将这些事件作为标题，也会改变你对特定场景实际发生事件的思考方式。

研讨会形式和指南：开发信号

时间：2~4 小时。

参与者：5~15 人。

假设：你有 1 组场景。

研讨会形式：存在三种实践方法：

1. 团队合作（面对面、在线等方式）。

2. 独立工作（将场景分配给不同人员以开发信号）。

3. 独立工作（一个人负责开发所有场景信号）。

说明：

- 在团队工作中，组建团队，重新阅读并参与场景 1。

  ○利用互联网搜索资料，一个场景接一个场景地协同合作，以此确定场景 1 所需的特定事件。

  ○在其他场景中重复此过程。

- 在独立工作中，将场景分配给不同的人。

  ○每个人都会针对指定场景所需事件，展开研究，进行创造性思考。

  ○计划召开一次会议，向团队汇报所发现的信号。然后，团队可以讨论、添加和明确信号，从而列出每个场景最终都有哪些信号。

- 在独立工作中，指定一人负责开发所有场景信号。
  ○ 指定人员自行研究、创造性思考、利用互联网搜索，并为所有场景开发信号。
  ○ 计划召开一次会议，向团队汇报发现的信号。然后，团队可以讨论、添加和明确信号，从而列出每个场景最终都有哪些信号。

结果：
- 为每个场景列出事件标题。

信号和策略

将信号和策略结合起来符合场景应用的预期。例如，如果你已经制定了第 6 章所述的通用策略，已为每个场景开发了信号，那么将其放在一起有助于预测。换句话说，你已经创建了一个跟踪外部环境的系统，并且已考虑了相关行动或策略，可以更快做出反应。表11.3提供了信号和策略组合的模板。

这一方法允许用户逐一考虑每个场景，了解在随时间推移收集到一组与特定场景一致的信号时，该怎么办。这种方法让人们在竞争中领先。换句话说，看到一系列信号强烈暗示场景2正在发生时，你就已经考虑过行动了。将信号和策略结合起来就像一个简化的应急计划——每个场景都确定了策略。随时间的推移，信号往往会显示正在发生中的场景。

表 11.3　信号、策略组合模板

场景 1		场景 2		场景 3		场景 4	
信号	通用策略	信号	通用策略	信号	通用策略	信号	通用策略
• 信号 1	• 策略 1	• 信号 1	• 策略 1	• 信号 1	• 策略 1	• 信号 1	• 策略 1
• 信号 2	• 策略 2	• 信号 2	• 策略 2	• 信号 2	• 策略 2	• 信号 2	• 策略 2
• 信号 3	• 策略 3	• 信号 3	• 策略 3	• 信号 3	• 策略 3	• 信号 3	• 策略 3
……	……	……	……	……	……	……	……

依然以天然气公司为例

以天然气公司为例，将信号与第6章中的通用策略相结合。同样，将这两种实践结合在一起，可以形成有效的方法，让你变得更加敏捷，比其他公司更快做出决策。为使结果简单明了，信号和策略的例子仅针对一种场景（你可以对其他三个场景做同样的操作），参见表11.4。

目前，天然气公司的信号和战略用于了解环境变化，作为组织战略会议的一部分，每两周就要对这些信号和战略进行审查。在这方面花费的时间并不多——查看信号、询问团队是否出现这些标题或类似标题只需大约15分钟。

表 11.4　天然气公司的信号和策略

鲑鱼场景	
信号	策略
随时间的推移，如果我们看到这样的事件或"标题"	我们应当考虑以下策略
• 钢铁压力冲击美国锈带地区	• 油箱创新降低了产品成本
• 食肉动物崛起	• 多用途油箱创新
• 太大会失败？太重不能用	• 油箱创新，消除对原材料的依赖
• 钢铁替代行业初创企业崛起	• 针对配送的消费者意识营销活动
• "素食主义"结束了吗	• 在未全面覆盖领域增加收购
• 千禧一代、Z 世代和按需经济	• 产品创新以支持新油箱设计
• 美国主要街道空空荡荡的写照	• 产品创新，以提高生产效率，降低成本
• 面包可能致癌	
• 今夏气温将再次打破高温纪录	• 配送司机援助
• 为什么医生要你吃牛排	• 车辆创新，高效交付
• 了解钢铁，可再生钢铁	• 油箱物联网
• 科学家将堆肥作为钢铁替代品	• 智能自助服务选项（自动贩卖机）
• 碳水化合物正在伤害美国人的身体吗	• 直接面向消费者销售
• 亚马逊直接向消费者销售 3D 打印机	• 以合作伙伴为基础进行分销

研讨会形式和指南：信号和策略

尽管可以这样做，但这并非一个真正的研讨会。如果你已经识别了信号，且已得到前几章中场景应用的结果（例如，通用策略、机遇与威胁)，那么只需要将它们组合在一起即可。这项工作一般在文档、幻灯片中完成，场景团队和相关决策者会经常对其进行审查。

信号汇总

信号是场景应用中一个极其重要的部分。正如本节所示，我们可以利用信号了解外部环境的变化，可将其与天然气公司案例中的策略相结合。此外，信号也可用于本书中的其他实践。想想上一章中的场景和金融模型，你可以利用信号来推测哪种场景可能会出现、对组织收入和成本会产生何种影响。一旦了解了世界是如何变化的，就能快速改变路线。在金融模型中使用信号时，你可能会做出节省成本的决策，或在需要的情况下开发新的潜在收入来源。如果你已经完成了本书中大部分或全部场景，信号就有助于你了解哪些策略需要斟酌，做出何种决策，如何调整组织的收入预期，如何在一般情况下比竞争对手反应更快。

◁ 关键不确定性仪表盘 ▷

大多数场景规划的情况，都存在一定数量的关键不确定性，这些关键不确定性会成为场景情节的框架或驱动因素。无论使用何种方法开发场景，都是如此。这些因素可能需要对业务进行重大调整，我们知道这些因素将如何发挥作用。无论采用何种方法来开发场景，都总是存在高度不确定性因素，这些因素可能从根本上改变了行业或组织的业务模式。但在某些情况下，关键不确定性因素会比平时要多。选择几个来构建场景可能会留下很多不确定性。当存在大量的关键不确定性时，很容易出现场景过多，或复杂性降低的情况。在这种情况下，一个解决之策是考虑关键不确定性仪表盘。

这个仪表盘旨在列出所有关键不确定性，并创建一个系统来对其进行跟踪。只用一个简单的表，你就可以列出不确定性，在表格中为已发现的不确定性趋势创建一列，同时再为支撑趋势的数据创建一列（表11.5）。

表 11.5　关键不确定性仪表盘模板

关键不确定性	趋势	数据
关键不确定性 1		
关键不确定性 2		
关键不确定性 3		
关键不确定性 4		
……		

医疗器械公司

当前情况高度不确定且涉及许多变化因素时，通常使用关键不确定性仪表盘。例如，新冠肺炎疫情肆虐之际，某医疗器械公司使用了一个关键不确定性仪表盘。参与者被引导完成场景规划的初始阶段，以生成2×2矩阵。头脑风暴、分类、影响排名和不确定性排名研讨会都得以促进。一旦排名完成，团队中就有许多力量落入"高影响、高不确定性"排名框内。因此，进一步开发、编写场景的行动被搁置。

在这种情况下，我们开发了一个关键不确定性仪表盘，以跟踪与新冠肺炎疫情相关的主要因素。由于关键不确定性数量众多，有必要跳过开发场景的步骤，依靠仪表盘来了解外部环境是如何变化的，而不是在开发场景中展开长期思考。新冠肺炎疫情还在持续，大量的不确定性都与了解其影响息息相关（表11.6）。

跳过场景开发还有一个重要原因，即开发场景的目的不再有价值。记住，当你试图理解下一个潜在危机，或行业在较长时间内会发生什么重大变化时，场景是最有效的。在高度不稳定的情况下，当危机或重大转变已经开始时，前景较短，一般为1~2年，重点是通过短期影响进行管理。在这些情况下，场景就会失去价值。

表 11.6　医疗器械公司的关键不确定性仪表盘

关键不确定性	趋势	数据
测试的可用性和记录	2.5%~28.4%	在美国 3.3 亿人中，有 80.8 万到 940 万人接受了检测，测试可用性递增
消灭病毒时间	6 ~ 12 个月	大多数州的感染率下降，抗体检测的可用性提高，逐步向民众开放
成功研制疫苗	人体测试	目前有 90 多种疫苗正在研发中，其中 6 种已经进入人体测试阶段。测试产生结果
近距离跟踪设备的可用性和成本	广泛可用	许多价格合理的解决方案能够跟踪户外和室内的运动
抗体测试	准确性未经证实	测试准确性低，可用性低。测试进行中
与新冠肺炎疫情相关的破产	发展中	预计城市、县城将损失数十亿美元的税收。私营部门的利润正在下降。影响日益显现
案件数量的上升 / 下降	适度	总体而言，美国每日感染率趋于平稳。提前开放的州中感染人数正在上升
失业	急剧增加	失业申请正急剧增加，并且预计还会增加

□不担心　　　□中度担心　　　□极度担心

研讨会形式和指南：创建关键不确定性仪表盘

时间：2~4 小时。

参与者：5~15 人。

假设：

- 你已经确定了一系列关键不确定性。

- 继续开发场景存在高风险，这可能会使复杂性大大降低。
- 这种情况涉及已发生事件，需要暂时关注场景无法提供的解决方案。

研讨会形式：该实践可由团队完成，也可独立完成。无论采取哪种方式，说明都是相同的。

说明：

- 列出关键不确定性。
- 确定数据，以用于跟踪关键不确定性的演变。
- 识别每个关键不确定性的当前信息和趋势。
- 根据趋势是朝负（红色）或正（绿色）方向移动还是保持稳定（黄色），适当对"趋势"一列进行颜色编码。

◁ 总结 ▷

本章介绍了跟踪外部环境变化的两种重要方法。这两种方法看似简单，但要正确有效使用，还需要长期的付出和承诺。正确应用这些方法，场景工作就更可能持续下去——应当有人追踪仪表盘上的信号或不确定性。多关注这些方法，有助于将场景规划嵌入组织文化。

第二部分 ◀
应用场景的具体方式

第三部分

使用场景改
进组织

PART 3

USING
SCENARIOS

第**12**章
场景成为组织文化的一部分

场景的谜团之一是为什么它没有被广泛应用，作为标准的组织实践。多年之后，场景方面最常提及的组织仍然是壳牌石油公司。似乎有理由可以解释这一现象——半个多世纪以来，壳牌石油公司仍然是唯一一家为能源行业持续提供公开场景的组织。让场景被采用并使之成为组织文化的一部分仍然是一项艰巨的任务，这也是场景规划者面临的挑战。

有人说，文化能把战略当早餐吃掉。本书中的方法旨在将文化和战略结合在一起。大多数场景项目都是一次性活动，这是因为，大多数场景项目都缺乏目标，缺乏场景应用指南，缺乏与显著结果间的联系。然而，尽管没有证据证明其性能或效用，战略规划仍然很受欢迎。那么，场景规划与战略规划有什么区别？

与传统的战略规划相比，场景规划通常需要更多的时间、精力和付出。第2章已明确指出，战略规划通常以旧方法为基础，无须深入思考就能完成。但同时，这类方法一般无法洞察行业或环境，还停留在模糊、肤浅的层面。好的场景需要创造性思维、广泛研究和内部一致性才能实现，所有这些都需要时间。然后，你必须对场景加以应用。将所有要素汇集在一起，这意味着场景是一项持续性工作。在一年一度历时1~2天的研讨会上，根本无法开发、使用场景来制定战略决策。正是因为有了这些关键性差异，将场景规划作为标准的组织流程，使之成为组织文化的一部分才变得更加困难。

不过，有方法可以克服这些困难，本章将对这些方法进行介绍。将场景作为组织文化的一部分有4种主要方法：确定信号优先级；使用场景，而非停留在脑海里；展示场景的经济影响；利用场景验证决策和预算请求。由于必须指派专人跟踪信号，观察环境如何变化，因此，对信号进行优先排序很重要。由于需要持续关注现实中的场景和事件，该活动能让场景始终保持活力。策略和决策的生成和测试迫使我们深入分析哪些行动是可用的，以及这些行动在不同情况下表现如何。由此，行动将变得更加灵活，这有助于避免领导者的盲目决策。评估场的经济效益可以为其应用创建商业案例，且可以将决策结果追溯到场景实践中。壳牌石油公司拥有50多年的场景文化，其主要原因在于，经理们需要通过场景来证明其决策和预算要求的合理性。

综合使用这4种方法可以最大限度地让场景成为组织文化的一部分。在讨论本章话题的实用性之前，有必要回顾一些基本概念，这些概念为接下来的建议奠定了基础。首先，要对组织文化进行简要的定义和描述。然后，回顾场景规划文献中的两个理论概念：共享心智模型；战略对话。这些想法为如何将场景作为组织文化的一部分及其设想奠定了基础。本章的目的如下。

1. 定义和描述组织文化。

2. 介绍共享心智模型。

3. 将"战略对话"作为组织文化的一部分。

4. 提供切实可行的建议，使场景成为组织文化的一部分。

◁ 什么是组织文化 ▷

组织文化是从人类学中借用并应用于组织科学的一个概念。由于"文化"的含义并不唯一，所以两学科对"文化"一词的确切含义没有达成一致。就本章而言，组织文化是"无意识运作的组织成员所共有的基本假设和信念，定义了组织对自身及其环境'习以为常'的方式"。

文化既是一组数据（价值观、理想、信念和经验），也是处理数据的程序。文化过程依赖由输入、价值、假设和工具构建的信息数据库。这些信息数据库连同一套程序，可以创建一个群体文化的共享心智模型，这个模型也是创造文化过程的共同心理模型。考虑到其联系方式，显然，群体共享心智模型的任何改变都可能对群体文化产生影响。简单地说，组织文化的概念并非一成不变，组织文化以组织内的价值观和信念及在组织内进行沟通的过程为基础。实际上，组织文化就是行事方式，这套通用组织实践标准为成员接受。

共享心智模型

在深入研究共享心智模型前，理解个体心智模型的概念很重要。简而言之，你的心智模式就是你看待世界的方式，它以你的经验（成功和失败）为基础，通常指导你如何看待这个世界。这是一个充满快乐和机遇的地方，还是一个充满苦难和挑战的地方？或是介于两者之间？其中有一部分是你成长过程的结果。毫无疑问，童年经历塑造了人们后来的信念系统，也就是心智模型。虽然这些概念似乎与场景规划相去甚远（而且这不是一本关于心理治疗的书），但个人世界观对你如何看待所在的组织、所做的决定都有一定影响。心智模型在场景规划中至关重要，因为它会影响你如何看待自己的行业、组织和同事，以及随着时间的推移，你认为未来可能发生什么。场景的目的之一就是通过创造一些共享的东西来打破你的思维模式。通过对话接触其他心智模式，实际上是场景在帮你从其他角度看待世界。关键是要大家一起思考，而不是单独思考。通过接触他人的心智模型，场景让人们意识到所有的心智模型都有其局限性。在组织、工作团队或其他方面完整、真实、准确的心智模型是不存在的。

共享心智模型一直都是场景规划文化的一部分。共享心智模型最初是一系列无结构的想法和观点，由此达成对世界的共识，其中大多数个人见解可以找到一个合乎逻辑的位置。共享心智模型创造了组织对话，通过这种对话，个人可以分析、分享、重建其心智模型，开拓思维，拥抱新的可能性。"如果行动基于心智模型，那么制度化行动必须基于共享心智模型。通过对话，观察和思考的元素可以被结构化，并被嵌入大家都认可的、共享组织理论。"当一群人有共同的经历时，最终往往会对情况达成共识。场景使这些团体能就环境的主要特征进行协商、达成一致，制定可行的行动方案。把这些元素放在一起，就可以让团队建立所谓的战略对话。

战略对话

在整个组织（至少是领导团队）中建立某种程度的共享心智

模型，以此为基础，关于战略和替代方案的持续对话被称为战略对话。简单的想法是，场景和战略须不仅限于一个年度会议，而且必须成为组织中正常、持续对话的一部分。实现了这一点以后，你就可以通过对话保持场景活跃。如果行动基于心智模型，那么制度化行动就必须基于共享心智模型。对话过程可以产生观察、思考元素，以此不断审查战略选择。有效的战略对话包括4个部分：共同的语言；一致的想法；参与理性论证的意愿；组织内部思想的演变。

共同的语言

共同的语言要合乎逻辑，这并不难理解。简单地说，参与任何组织过程的组织成员都需要达成共识。人们必须对当今商业界流行的术语进行定义和分类。参与场景时，可以协商一种共同语言。由此，参与者了解什么是场景，如何应用场景制定策略、做出决策。

一致的想法

战略文献中越来越多地提到"一致性"的概念。虽然大多数战略文献都提到了组织、过程和个人目标的一致性，但战略对话的目的是产生一致的想法。战略对话强调识别、分析假设的重要性。在场景规划中，如果建立了集体心智模型，也就相当于有了一致的想法。共享假设、价值和统一目标对建立这种一致性来说至关重要。

参与理性论证的意愿

场景会提出不同的观点，这些观点极易引发争论。场景通常以对话、参与者相互质疑的能力，以及对想法做出评论的意愿为基础。参与者必须能够参与辩论，且必须对别人的质疑持开放态度。当人们开始以新的或不同的方式看待事物时，就会开始学习，场景就是其中的方式之一。如果没有真正的分歧、辩论和对话，场景就无法充分发挥其潜力。这也就解释了为什么在使用场景时，思想和观点的多样性如此重要。

组织内部思想的演变

战略对话的最后一部分是前三部分的成果。组织内部思想的演变是战略对话的目标。它是通过形成共同语言，致力于形成一致的想法，愿意评论、乐于接受他人的评论而建立的。通常情况下，场景只是激发想法的起点，而想法会修正场景，展开进一步的辩论和对话，直到假设被打破。一旦你开始使用场景，共同的语言、一致的想法和评论都有助于推进策略、决策的制定。

战略对话的各部分旨在阐明如何实现这种持续性战略对话。这一点对于提高洞察力和创新能力至关重要。战略对话的各个部分逻辑上被构建在场景规划中，特别是在使用场景时（图12.1）。

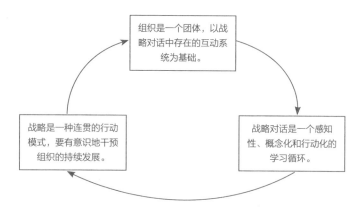

图 12.1　战略对话的艺术

◁　让场景成为组织文化的一部分　▷

确立了这些基本概念后，我们有4种方法来思考，如何让场景成为组织文化的一部分。

- 优先处理信号。

- 使用本书方法生成、检测策略和决策。

- 评估场景如何产生经济效益，并最终影响组织的经济模型。

- 领导层使用场景来证明决策、预算要求的合理性。

优先处理信号

要想让场景成为组织文化的一部分，第一个方法是使用信号。信号是在场景过程结束时产生的，如果完成得好（并分配给个人或团队进行跟踪），会进一步引起组织对场景的关注，这些信号有助于场景保持活力。我给自己的客户最常见的建议是，在每月领导团队会议开始时，简要回顾一下这些信号。

使用场景

本书有一大前提，即使用场景是推进该领域发展最重要的方法。在这一点上，场景规划者若没有很好地确保其场景被用来实现结果，这可能会导致问题重演。场景可以是一种激动人心的体验，可以拓展组织内部的思维，真正改变人们对未来的看法。但这还不够，场景需要与决策、行动联系起来。场景应用展示了将场景付诸行动的7种不同方法。简单应用本书方法会给你带来帮助。你无须全盘采用，也不必将其复杂化，应用第5章至第7章中的简单方法，就足以开始将场景付诸行动。

评估场景的经济效益

没有评估、分析经济效益的组织活动最终会成为"好事"。这不能成为场景规划的命运。评估场景的经济利益（或至少评估场景本身）极其重要，再怎么强调都不为过。由于场景工作从未与财务评估联系在一起，因此开发这一领域的时机已经成熟。本书提供了两种不同方法来分析场景的经济效益，并了解场景对组织经济模型的影响。应将这些活动视为标准做法并加以应用，以此推进该领域发展，进一步改进各组织。

将场景作为需求

尽管这不是一本关于领导力的书，但领导者的作用不可否认。你是否遇到过这样的领导——他找到一本书，立即为每个员工订购，并要求员工阅读？像书一样简单的东西通常是自上而下的，一般以寓言为主，比如《谁动了我的奶酪？》（*Who Moved My Cheese?*）。要求领导者利用场景来证明决策和预算要求的合理性，这意味着将场景融入人们的行事方法——这正是组织文化的内涵所在。

◁ 总结 ▷

本章介绍了组织文化的概念、共享心智模型和战略对话的相关场景思考。虽然这些想法一般都停留在理论领域，但本章提出的建议将把它们带进实践领域。大多数场景规划新手都会问，为什么不是每家公司都使用场景？回答通常是一片沉默。

第**13**章
推进场景规划和战略规划

从场景到战略的道路并不总是清晰的。通过深思熟虑，以不同方式使用场景并将其与战略联系起来，对场景和战略都有益处。在此重申，本书的基本目的是为应用场景改进组织提供实际指导。为此，需要将场景与战略联系起来。严肃的场景、战略专家会告诉你，为了对组织产生积极影响，你需要使用场景。关注场景目的，确保其对战略决策产生积极影响是成功的关键。简单来说，在改进组织的过程中，要想通过战略规划解决效用问题，场景应用是最直接的途径。

本书回顾了场景规划、战略规划实践中的主要问题。同样，场景应该打开思路，将战略付诸行动。实践的每个领域都有欠缺——场景缺乏与行动的联系，战略缺乏对多种未来的预先分析。有必要将两者以一种综合的方式联系起来，本书就提供了一种思路。简单回顾一下，战略规划一直习惯将规划的制定与实施分离开来。把战略放在财务团队内部，盲目应用类似公司中行之有效的战略就是一个典型的例子。在场景规划方面，由于缺乏场景应用指南，该领域的研究一直停滞不前。

◁   回顾场景应用的不同方法   ▷

本书可以解决许多问题，尤其是与战略规划相关的问题。本书提供方法来调整预测心理，缩小思维、行动的差距，并呼吁积极参与实践、选择知名公司的高调战略。具体来说，对于场景规划，主要关注点是介绍应用场景的替代方法。回顾一下使用场景的7种方法。

本书详细介绍了每一种方法，还附有模板、示例和研讨会说明。按照所提供的指导，你可以应用其中任一方法。当然，随着实践的深入，练习和干预会更加顺畅，书中方法旨在将场景付诸实践。为推进场景规划、战略规划，二者需要协调配合。

本书的目标读者是已创建一系列场景、想知道如何应用的人。如果你对场景应用尚不熟悉，请选择一种方法并加以尝试。要记住，如果能在组织中使用本书中的所有方法，就能使场景成为组织文化的一部分，并让场景成为标准的组织实践。

◁ **总结** ▷

本书旨在填补场景规划方面的研究空白。不止停留在有趣的故事层面是广泛采用场景的关键。如果拥有了场景之后还不清楚要做什么，组织只会停滞不前。另一种方法是开拓新领域，在新领域中创造机会，探索场景应用的多种方法。这是一个蓬勃发展、充满活力的领域，可以推动场景由理论变为实践。场景和战略应该是最重要的组织活动。后续的场景探索了多种未来，解决了如何在实践中利用它们产生影响的问题。

本书介绍了7种场景应用方法。从创造性思维到详细的财务分析，且提供了介绍、示例和研讨会指南。然而，这仅仅是个开始。虽然在某些方面具有参考性，但我希望本书能够鼓励该领域其他人使用未提及的场景来应对问题。具体介绍如何使用场景规划，它们可以帮助决策者实现什么目标，是推进场景规划的最佳时机。但我们正是在这一方面失败了。可以肯定的是，我们需要利用预测未来的方法，将有趣的故事与行动联系起来。

关注场景应用是推进场景规划实践，将场景与行动和结果联系起来最可靠的方式。如果不这样做，场景可能仍将是一次性活动。但是，我们的目标是让场景成为广泛使用的标准实践，使其与战略规划一样常见。为实现这一目标，必须使用场景，明确其价值，本书朝着这个方向迈出了第一步。对于那些有兴趣推进该领域的人，我希望自己介绍的方法已经为你展示了场景规划的价值。此外，我希望能激发场景应用的其他想法。所有这些都是为了帮助决策者、领导者应对未来不断的变化。

后 记

————————

2020年3月，贝瑞持–科勒出版社通过了《场景进化论》的选题。撰写本书期间，新冠肺炎疫情尤其值得关注。尽管我在书中提到过几次，但仍需在2020年12月完成这本书时展开讨论，并在2021年春夏两季回顾了它的发展情况。

场景中的最大障碍

毫无疑问，似乎完全没有预料到的事情将会发生。但历史表明，有些事件是由大家不认可的人预测到的。当前或未来任何有关场景的书籍都无法避免新冠肺炎疫情的发生。我想起在壳牌石油公司的时候，皮埃尔·瓦克给阿里·德·盖斯（Arie de Geus）讲的一个故事。德·盖斯在1992年发表文章时对其稍做调整。

在这个故事中，听众需要假设，一个拥有绝对权力预测未来的人在1920年拜访鹿特丹市的市长。来访者告诉了市长，在未来的25年里他的城镇和德国腹地将会发生什么。因此，在1920年一个普通的工作日里，市长得知了魏玛共和国的出现，恶性通货膨胀，1929年股市崩盘，大萧条，德国纳粹主义的兴起，纳粹在鹿特丹破坏性的专制经济政策，第二次世界大战爆发，整个城市中心遭到的地毯式轰炸。最后，在1945年冬季，城市港口设施遭到系统性破坏。

市长管理着欧洲最大的港口，每天能得到诸多意见和信息。故事的问题在于，读者认为市长在1920年听到上述消息时会有何反应、作何处理？

对于这个问题，我得到的回复几乎完全一致——什么也不做。即便市长相信这个信息的真实性，他也没有勇气来做出应有的决策。

未来无法预测，即使可以，我们也不敢对预测采取行动。

因此，这仍是场景规划中极其令人困惑的问题之一。如果你最担心的事情在场景中暴露出来，你真的有勇气考虑后果，采取行动吗？历史上的答案可能是否定的，因为你不会真的相信，即使你相信了，你也不具备说服别人的能力。

场景时间线和焦点

直到2021年春季，新冠肺炎疫情持续恶化，各咨询公司纷纷展开场景活动。在撰写本文时，所有可用的疫情场景都以2×2矩阵法为基础，且几乎所有场景都以"疫情严重程度"和"疫情时间线"为矩阵轴。虽然可以在短时间内开发场景，但这种活动抓不住重点，因为场景最初就是为长远打算而开发的。细心的观察人士会发现，场景最大的用处不是处理已发生的危机，而是辨别下一个危机，其真正用处在于长期利益。新冠肺炎疫情已经发生，我们必须尽最大努力控制其影响。场景并非应对短期危机的最佳方案，还有其他方法。正如其最初意图一样，场景的目的在于展望未来，看到下一个危机，预测未来会用什么来蒙蔽我们。

场景时间线的种类不断增加，通常可以预测未来5年、10年、15年、20年，甚至50年的情景。场景也在多元领域、不同范围内得以构建，例如，气候变化、森林管理、企业战略、全球能源工业、城市规划、交通规划等。重要的是要认识到，随着时间的推移、范围的扩展，场景也会扩大，其使用能力会随之下降。例如，50年的全球能源行业场景对决策没什么影响。这是因为每个地区、国家、州、城市和社区都需要应对不同的状况，人们所能做出的决定也截然不同。这也就解释了，为什么没有适用于全球的新冠肺炎疫情的场景。

第11章以医疗器械公司为例，由于认识到疫情已经出现，创建场景并非最佳方案，我们便放弃了场景流程，而是创建了一个关键不确定性仪表盘来跟踪病毒传播、疫苗开发、感染率、检测率等关键不确定性因素。这使得决策者能够理解短期内环境的发展，并预测其对组织的影响。为强调这一点，仔细考虑场景的时间线和范围能对如何使用它们产生实际影响。

有时候，接近就足够了

场景通常用来预测未发生的事件，但有时，其包含的事件含义几乎与实际事件相同。例如，我们在2019年1月为医疗保健公司构建的场景就包含一些独特事件。虽然这些场景不包括流行病，但其中某一场景确实包括一个独特事件——火山爆发。应用本书中提出的观点，我们发现医院系统、重症监护室病床容量承受着沉重压力，迫切需要更多训练有素的医护人员。重点是什么？

虽然我们没找到确切原因，但至少有一种场景表明，情况与新冠肺炎疫情的结果没有太大不同。可以肯定的是，两者并不相同，如果我们将流行病纳入场景，那我们就可以说这是"正确的"。尽管如此，我们描述了一种结果非常相似的情况。这就是为什么有时候，接近就足够了，但你还必须要注意。考虑到这种场景，医疗保健公司已盘点了当地医院的个人防护设备，并开始增加供应。

反思

真的没有人能预测未来。我不知道疫情或气候变化最终会给人类带来什么影响。但场景是我们理解环境变化最便捷的工具，而战略提供了采取行动、做出决策的方法。本书旨在以互补的方式，将实践和研讨会两者结合起来。我希望能应用本书介绍的方法，将战略规划和场景规划更好地结合起来，改善我们生活的社区和我们工作的组织。如果幸运一点，还可以更好地预测可能会给人类造成伤害或破坏的事件，从而使人们将注意力集中在更长期、更可持续的决策上。

致　谢

许多人和组织都为本书的研究、开发和实践做出了贡献。在一开始，重点是理解什么是有用的场景，我们很快就明白，创建场景与学习如何使用它们来实现组织变革有很大差异。以下组织都为本书思想的发展提供了支持：雅培公司、英美资源集团、法瑞加公司、三菱化学公司 、世界体育学院、洛克希德·马丁公司、孟山都公司、霍尼韦尔国际公司、波音公司、微软、RK机械公司、美国嘉吉公司、世纪健康公司等。

以下人员对《场景进化论》的流程、研讨会和实际效用做出了重要贡献：劳拉·库恩斯（Laura Coons）、贾斯汀·艾伦（Justin Allen）、麦迪逊·墨菲（Madison Murphy）、塔姆利亚·泽图切（Tamria Zertuche）、劳伦·兰伯特（Lauren Lambert）、费利克斯·韦茨曼（Felix Weitzman）、TK·斯图特（TK Stoudt）、莎拉·阿瑟（Sarah Acer）、杰罗姆·迪克森（Jerome Dixon）、格雷琴·加格尔（Gretchen Gagel）、凯文·林赛（Kevin Lindsey）、斯科特·沃莱茨（Scott Freshwater）、扎克·墨丘里奥（Zach Mercurio）、辛西娅·塞林（Cynthia Selin）、亚历山德

罗·弗格纳尼（Alessandro Fergnani）、德莱尼·基廷（Delaney Keating）、大卫·芬彻姆（David Fin cham）、约翰·范恩（John Vann）、蒂芙尼·耶茨（Tiffany Yates）、迈克·曼弗雷多（Mike Manfredo）等。

我尤其要感谢理查德·斯旺森，20多年来，他一直是我的导师和朋友，他的指导对我的事业和生活都至关重要。2011年，贝瑞特–科勒（Berrett-Koehler）出版社的史蒂夫·皮尔桑蒂（Steve Piersanti）给我的第一本书提供了指导，此后我一直是按照他教授的方法进行写作。感谢夏洛特·阿什洛克（Charlotte Ashlock），她将这个项目管理得井井有条，很高兴和她一起工作。最后，感谢科罗拉多州立大学在过去15年里给予我的支持和自由，让我能够追求自己的兴趣和激情。

要感谢所有与我有过互动的人是不可能的，但正是有了与他们的互动，这本书才能诞生。支持我工作的人和组织比在此提到的还要多，我真诚地感谢他们。

关于作者

    托马斯·J. 切马克（Thomas J. Chermack）在科罗拉多州立大学担任教授，负责研究组织化学习、绩效和变革；同时，他还负责指导场景规划研究所，担任博士项目系主任长达15年。此外，他还是场情景规划咨询公司Chermack Scenarios（www.chermackscenarios.com）的创始人和总裁。作为一名研究人员，切马克专注于研究场景规划的历史和成果，及场景规划的理论、实践和学术效用。切马克著有《组织中的场景规划》（*Scenario Planning in Organizations*）、《场景规划的基础：皮埃尔·瓦克的故事》（*Foundations of Scenario Planning: The Story of Pierre Wack*）和《应用学科中的理论构建》（*Theory Building in Applied Disciplines*），这些都是该领域公认的基础性贡献。切马克重点研究组织领导者如何使用场景来管理不确定性，相关学术研究常引用他的著作，他本人也在场景方面被广泛咨询。他还经常在世界各地的规划和未来会议上发表演讲。